英語教育改善のための
プログラム化と
マネジメント

すべての学生の英語力向上を
めざして

植山剛行 著

大学教育出版

はじめに

　本書は、組織力を使って英語教育の効果を向上させる取り組みを扱ったものです。現場が持てる最大限の能力を発揮するには、教員、学生、スタッフは、どのように現場を理解し行動すればよいのか、という問題について考察しました。本書が、大学関係で英語教育に従事している方々、教育機関で英語教育の開発・運営に当っている方々、英語教育のあり方を組織力の面から考えたいと思われている方々、英語教育の成果や結果をどのように考えたらよいのか悩んでいる方々のお役に立てることを望んでいます。

多様化する英語教育
　大学の英語教育の現状が問われ出して随分月日が経ちました。英語教育の充実を図ろうとする大学、必修科目から外す大学、大学入試から除外する大学と、多くの大学が英語教育の扱いに戸惑っているのではないでしょうか。これから確実に到来する全地球的規模の共同体の政治、経済、教育に対応するための英語教育を、どう充実させたらよいのか悩んでのことかもしれません。教育制度の中で外国語教育をどのように位置づけて取り扱えばよいのかはっきり見えないため、高等学校終了時までの英語教育が中途半端になっているのかもしれません。コンピュータ・テクノロジーやインターネットの英語教育への衝撃は凄じいものですが、それをどのように、どの程度活用できるのか、まだはっきりわからないことも英語教育を戸惑わせている理由かもしれません。

多様化する英語教員の質
　さらに、この迷いは、英語教員の質の多様化に起因しているのかもしれません。外国で英語を訓練してきた教員と長年文学ものを訳す教授法で教えてきた古参教員との間のギャップ、若手教員でも日本で大学院を修了して英語教員になった者と海外の大学で学位を取り英語教員になった者との英語教育の考え方

の違い、あるいは、外国人教員と日本人教員との英語教育への取り組み方の違いなど、異なるタイプの教員の資質が混在しています。今現場では、異文化理解を取り入れ、教育信条や教授法の違いを認め合い、学生の英語能力改善に貢献できるよう、ギャップや違いを克服することが求められているのではないでしょうか。

リレーによる英語教育

　日本の高等教育機関は、基本的に終身雇用制を採用していますから、教員の入れ替えは非常にゆっくり行われます。ですから、どうしても、世代間に「橋をかけギャップを埋める作業」が不可欠のようです。私が勤務していた大学の老教授曰く、「私の学生時代には、テープレコーダひとつ探して来るのも大変だった。やっと見つけたテープレコーダは、NHKが使っていたリール式のお古で、テープ自体も何度も聞かないとうまく聞き取れなかった」そうです。この話は半世紀以上も前の話ですが、その当時、こうして先輩たちは、苦労して英語を身につけたわけです。彼らが学んで身につけた英語を、発音が悪いとか、文章が硬くて聞いていてぎこちないと言ってケチをつけることもできますがしかし、彼らの努力があったからこそ、私たちの世代は、英語を学ぶことができたこともまた事実です。私たちの世代は、あとに継ぐ人たちに、私たちが受けた英語教育以上の教育を残せるでしょうか。こう考えてくると、世代を越えてバトンをつないできた教員の質の改善努力を抜きに英語教育の発展はないように思えます。

海外研修のデメリット

　英語は、英語に囲まれた環境に入れば即座に身につき、効果的であるという理由で、アメリカやオーストラリアに学生を送る大学も、最近目立つようになりました。海外での語学研修を否定する訳ではありませんが、すべてのケースにおいて効果的なのか、私自身は疑問に感じます。むしろ、期待したほどの効果がなかったケースのほうが多いのではないでしょうか。

　原因はいくつかあるでしょう。1つは、団体で長期間滞在すると、どうして

もクラス外では日本語を使用するようになり、海外経験のメリットを多めに見ても、費やした金額に相当するほどの英語力の伸びを全員に期待するのは無理があります。2つめに、個人によっては、海外の生活や価値観の違いにまだ対応できない学生もいます。個々の成長過程に合わせて適切な教育環境を提供するという観点から考えると、メリットよりデメリットのほうが大きいのではないでしょうか。

　3つめに、個人としてのアイデンティティーの確立が不十分なために、英語を国際語と認識するまでには至らないということがあげられます。国際語としての英語を獲得するということは、個としての本人自身と日本人としてのアイデンティティーを確立し、異文化や異なる価値観の受容力を身につけ、コミュニケーション能力をつける努力をしてはじめて獲得できるものであると私は思います。この観点からすると、海外での英語訓練は役に立ちますが、それをもって、国際語としての英語が身につくかのように考えるのは、結局、費やしたリソースや学生が費やしたエネルギーの割には、教育効果に対する失望のほうが大きいかもしれません。

高等教育としての英語

　大学の英語教育は、「金ばかりかけて役に立っていない。むしろ、専門学校（各種学校のこと）のほうが、役に立つ英語を楽しく教えるので、英語教育は専門学校に任せればよい」というような、大学の英語教育に対する批判があります。これは、大学より専門学校の方がうまく教えているという認識の上に立った意見ですが、問題は、専門学校での英語教育と大学での英語教育は同じでよいのかということです。この問題を議論する場合、学習者が持っている英語力や英語に対する興味によって議論が分かれるところですが、やはり、英会話学校などの専門学校の英語教育と大学の英語教育は異なるということです。

　大学審議会は、『21世紀の大学像と今後の改革方策』の中で、未来社会を「社会の高度化・複雑化・専門化の進展等に応じ、高度な課題探求能力や専門知識を有することが社会生活を送る上で広く求められるようになっていく」と予測し、大学のあるべき姿を提示しています。つまり、大学は、未来社会の知的能

力の開発という使命を持っていることを再確認しています。英語教育のカリキュラムや目標も、このラインに沿って行くことになります。つまり、大学での英語教育は、知的表現力と正確なコミュニケーション能力を主眼にしていると言えます。より専門性の高い複雑な情報を英語で伝えようとすれば、文法などを正確に活用できる能力も要求されます。

つまり、専門学校は、英語をコミュニケーションの道具として捉え、その即効性を重視しているのに対し、大学は、時間はかかるが知的表現力と正確なコミュニケーション能力に重点を置いているという言い方もできます。ただ、現在の大学の英語教育は本来あるべき姿にはなっていないと思います。この原因は上述した点に加え、小学校から大学までの教育制度の連携に問題があるのかもしれません。

こう考えてくると、学生の英語力格差を考慮に入れても、大学英語教育の目的は一般論として捉えられます。入学者の学力や英語力、教授陣の特徴、施設、財政、組織文化など、各大学はそれぞれ異なった環境を持っています。ということは、各大学の英語教育の目的は、これらの点を踏まえた上で、学生が4年間で、どのような知的能力（表現力も含め）をどの程度改善でき、しかも、入学時の英語力を基礎に、どの程度正確なコミュニケーションを取れるようにできるかということが、大学の英語教育の目的ないし方向性になるのではないでしょうか。

本書の特徴

どうすれば、すべての学生により良い英語の学習環境と適切な教育環境を提供できるでしょうか。本書は、全体を通してこの問題に取り組みました。つまり、私のアメリカでの実践体験、英語教育プログラムのディレクター（責任者）だった時（1996年から1999年）の経験をもとに、英語教育の現場でのコミュニケーション、英語教育プログラムの環境適応、多様な教授法実践への対応、プログラムの教育力などについて考察しました。本書は、また、カリキュラム論、プログラム評価、プランニングの観点から、英語教育プログラムの改善計画の方策を提案しました。

本書の構成

　本書は13章から構成され3部に分かれています。第1章から第5章までを第Ⅰ部とし、英語教育プログラムをどう捉えるかがテーマです。第1章では、英語教育の直面する課題、第2章では、教育プログラムについて考察します。第3章では、プログラムを取り巻く環境について考えます。第4章では、プログラムが持っている教育力を判断する基準について考察します。第5章では、マネジメントを実際に行う上で不可欠なプランニングについて説明します。

　第Ⅱ部は、英語教育プログラムが抱える問題や課題をどう捉えるかがテーマです。つまり、どのようにすれば、「何が問題か」を知ることができるかについて事例を使って考えます。第6章では、問題認識に役立つ評価の視点について考察します。第7章ではコンテックスト評価手法をヒントに現状を、そして第8章では、インプット評価手法をヒントに現状を分析します。第9章では、本書で扱った英語教育プログラムの改善とプログラムの効力との関係を考察します。

　第Ⅲ部は、どのような改善が行われ、改善の過程で何が起きたかがテーマです。第10章では構造上の改善の実施、第11章では、学生の英語能力の伸びをモニターするシステムの構築について報告します。第12章では、運営機能に関連する改善点に言及し、第13章では、改善過程で起きた事件を、ディレクターの視点から振り返ります。

　おわりに、本書のまとめとして、英語教育の改善に必要な、プログラム・マネジメントの概念とリーダーシップの能力について考えて見ます。

謝辞

　最後に、事例として本書で扱って英語教育プログラムの改善に、多くの時間とエネルギーを費やしてくださった多くの先生方に、深く感謝申し上げます。考え方の違い、コミュニケーションが十分でなかったこともあり、このプロセスは決して平坦なものではありませんでした。しかし一つ言えることは、英語教育プログラムをよくしようとする先生方の献身的努力なくして、私自身、プログラムのメカニズムを理解することはできなかったということです。この場をお借りして深謝いたします。また、プログラムの運営を支えてくださった事

務局の方々、語学教育センターのスタッフの方々にも深くお礼申しあげる次第です。

また、大学教育出版の代表取締役、佐藤守氏には、本書の企画から出版まで多岐に渡りご尽力いただきました。安田愛女史には編集の労を執っていただきました。この場を借りお礼申し上げる次第です。

当然ながら、本文中の事実認識や分析結果などは、著者の判断にもとづくものであり、すべての責任は著者が負うことは言うまでもありません。

2009年4月

米国サウス・カロライナ州コロンビア市にて

植山　剛行

英語教育改善のためのプログラム化とマネジメント
―― すべての学生の英語力向上をめざして ――

目　次

はじめに ……………………………………………………………… i

第Ⅰ部　英語教育プログラムをどう捉えるか …………………… 1

第1章　英語教育の課題 ………………………………………… 2
　1．外国語としての英語教育の課題　*2*
　2．自己形成への貢献　*8*
　3．大学組織にみる英語教育の問題　*10*
　4．プログラム運営上の問題　*13*

第2章　英語教育プログラムの定義 …………………………… 17
　1．なわばり意識の解消　*17*
　2．カリキュラムとプログラム　*20*
　3．カリキュラム　*22*
　4．プログラム化　*23*
　5．組織機能としてのプログラム　*24*
　6．プログラムの効力　*28*

第3章　英語教育プログラムを取り巻く環境の把握 ………… 34
　1．環境把握の重要性　*34*
　2．環境の把握　*36*
　3．歴史的背景を学ぶ　*41*

第4章　英語教育プログラムの評価方法 ……………………… 43
　1．プログラムの効力と教育力の関係　*43*

2. 基準へのアプローチと評価方法との関係　*46*
　　3. プログラム評価に使われる質問項目の例　*47*

第5章　プランニング……………………………………………*55*
　　1. 問題の認識　*57*
　　2. 「ヴィジョン」と「ミッション」とは　*57*
　　3. 達成可能な目標や結果の設定　*60*
　　4. 改善計画の立案：7つのステップ　*61*
　　5. 計画の実行：9つの要素　*64*
　　6. 実行過程のモニタリングと達成結果の評価　*69*

第Ⅱ部　問題・課題をどう捉えるか ………………………………*71*

第6章　プログラム開発に役立つ「評価」の視点 ……………*72*
　　1. プログラム評価の視点　*73*
　　2. CIPP評価法　*75*
　　3. CIPP評価の視点とプログラム効力との関係　*81*

第7章　コンテクスト手法からのヒント ………………………*84*
　　1. 学部英語教育の変遷　*84*
　　2. データ収集　*86*
　　3. コンテクストの視点からの分析　*88*
　　4. 改善策　*95*
　　5. 優先順位　*99*

第8章　インプット手法からのヒント …………………101
1. インプットの視点　*101*
2. プログラム改善の選択肢　*103*
3. 計画された「目的達成の手段」に見る問題点　*104*
4. プログラムの改善点　*112*

第9章　プログラムの改善点と効力の関係 ……………118
1. 導き出されたプログラムの改善点　*118*
2. 環境、プログラム効力、プログラムの改善点との関係　*122*
3. 英語教育プログラム改善へ向けた取り組み　*127*

第Ⅲ部　どのような改善が行われ、何が起きたか …………*133*

第10章　構造上の改善点 …………………………………134
1. プログラムのミッションとヴィジョン　*134*
2. プログラムの目標　*136*
3. プログラムを支える原理　*138*
4. 講座（コース）の相互関連　*140*

第11章　モニタリング・システム ………………………143
1. 受益者のテストに対する考え方　*143*
2. モニタリング・システムの構造と試験の活用方法　*146*
3. モニタリング・システムとその活用　*149*

第12章　運営上の改善 …………………………………………155
1. プログラム機能　*155*
2. 教科書の選定手続き　*159*
3. 能力別編成　*160*
4. 成績評価　*164*
5. 求められる研修とは　*166*
6. 誰のためのテクノロジー　*167*

第13章　何が起きたか ……………………………………………170
1. 授業評価　*170*
2. 教科書の選択　*176*
3. コア・テキストブック　*180*
4. セメスター制　*185*
5. 英語教員の人事　*187*
6. ディレクターの辞任　*188*

おわりに …………………………………………………………………*191*
おもな参考文献 …………………………………………………………*195*

第Ⅰ部

英語教育プログラムをどう捉えるか

第1章

英語教育の課題

　すべての学生により良い英語学習の環境と英語教育を受ける適切な環境を提供するには、どうしたらよいのでしょうか。この問題は、英語教育に携わってきた人間にとって永遠の問題のような気がします。本書において、私なりにこの問題に取り組もうと思います。私がこの問題のアプローチとして使ったのは、プログラムの概念です。

　第1章では、私の日本・アメリカ合衆国での教授、プログラム開発、外国語教育の政策作りの経験を振り返り、プログラムの視点から、大学組織における英語教育の問題点を整理してみました。同時に、私なりの英語教育・学習や異文化理解について、プログラム・マネジメントに関わる範疇で、考察を加えてみました。第1節では、現在外国語としての英語の教育・学習が直面している課題とは何か、第2節では、文化理解や英語学習が、学生の自己形成にどのように影響しているのか、第3節では、大学組織のどのような問題が、英語教育に影響するのか、第4節では、英語教育プログラム運営に関わる重大な問題とは何かについて考察します。

1. 外国語としての英語教育の課題

　現在外国語としての英語の教育・学習は、どのような問題に直面しているでしょうか。この問題について制度としての「連続性」、組織目標としての英語教育、学習者のニーズという側面から考えてみましょう。

（1）能力改善の保証

　サウス・カロライナ大学在職中（1990年代初頭）、州教育局の要請で、外国語教育の州政策の原案作成を行う委員会で仕事をしたことがあります。州内の小学校、中学校、高等学校、大学から、14名のメンバーが集められました。最初の会合で、数冊の外国語教育に関する研究書や論文が配られ、宿題となりました。つづく数か月間、スペイン語、フランス語、ドイツ語、ロシア語、ラテン語、日本語、中国語、韓国語、アラビア語、第2外国語としての英語の教授方法、カリキュラム、教員研修（プロフェッショナル・ディベロプメント）、教材、教科書採択、教員採用など、幅広く州の外国語教育政策を見直し、次世代の外国語教育政策の枠組みを作成することになりました。委員会が合意した原則は、「継続」、「運用能力」そして「すべての子供たちに外国語学習の機会を提供する」ということでした。

　この3つの原則は、決して抽象的概念の遊びをした結果ではなく、外国語教育を現実にマッチさせようとする意図から出てきたものでした。日本では、英語教育の文法中心の教授法が批判されて久しいですが、この州でも、外国語教育は、とかく文法中心になりがちで、ほとんどの場合、大多数の学生の言語習得には役立っていないとみられていました。そこで、現実に役に立つ、使える外国語習得をめざす外国語教育とはどのようなものかということが課題となったのです。

　州の基幹大学であるサウス・カロライナ大学などでは、すでにESLを含む10言語の学習の機会が提供されていたので、小学校から高校3年に至るそれぞれに言語学習の機会が準備されればよいわけです。しかし、州財政や各学区の財政状況からして、この考え方はほとんど不可能でした。結果、学校教育段階のどのレベルからでも、外国語教育を始めて、各学区（地方教育委員会）は、それが継続できるよう努力することになりました。これが「継続」の原理でした。

　たとえば、ある中学校がスペイン語のコースを始めたとします。この中学校では、その後のコースを高校が設置し、中・高校は、彼らの学習が継続できるように連携を取るようなことです。当然、ある学区では財政状況から高校の2年間を「継続」と捉えることも可能です。そうすると、スペイン語を長期に渡

って学習した者、あるいは、2・3年間学習した者、あるいは、小・中学校時代に学習した者、また、高校時代に学習した者など、その能力において明らかに異なると思える学生たちが大学に入学して来ることになります。

　ちょうど、私たちが大学の英語教育で経験しているような、学生の能力の多様化が起こるわけです。「継続」の原理を大学入学後もさらに推し進めると、4年間（1・2年間）学習を継続できるプログラム作りを行うことが1番目に、そして2番目に、4年後に英語能力が伸びたという結果が学生にも見え実感できること、3番目に、その結果に、学生自身が満足できることが重要になります。もちろん、達成度や満足度は、学生個人の努力やその時点での本人の能力に影響されることは言うまでもありません。そのようなプログラムは、学生の努力と英語能力改善の支援を目的とし、「改善」を保証するものでなければならないと考えます。

(2) 組織目標としての英語

　高等教育機関にとって、英語教育の目標とは一体何なのでしょうか。ある大学では、TOEFL500点取得を卒業条件にしていると聞きます。また、ある大学では、英語の授業をTOEFL、TOEIC、英語検定の訓練コースにしているようです。果たして、目標とする得点を獲得した学生は、目標を達したことで満足するでしょうか。そのような学生を輩出したことで、大学はどのような利益を得るのでしょうか。一時的にしろ、大学と学生は満足を得るでしょう。しかし、両者とも一種のジレンマに陥るのではないでしょうか。

　学生は、大学が示した得点に達したのにもかかわらず、より高い点を獲得するため、英語の問題集に没頭します。私の偏見かもしれませんが、そのうち、いつまでたっても、英語を使うことに躊躇している自分に気づき、「もっと頑張らなければ」と自分にむち打つ。ある学生は、TOEFL500点を獲得したが、よくよく考えてみると、自分にとって何の意味があるのかよくわからないと、4年前に入学試験を受けたときの気分を味わうかもしれません。卒業してからも、彼の勤める会社がTOEICで800点を昇進の条件にしているのも手伝って、問題集に向かう毎日を送る自分を勇気づけ、同時に800点を取った後のことを考え

るでしょう。中には、多少の心配とストレスで、毎朝青い顔をして出勤する自分に気づく人もいるかもしれません。こうなったら、英語教育とはまったく関係ないところで英語が力をもっているとしか言いようがありません。

　大学もまた、企業で求められる得点を有した学生を企業に送り込んでいるものの、その一方で、大多数の学生に対する英語教育が十分でない現実に気づくでしょう。そして、私たちは、高得点を獲得した学生をわずかばかり輩出した功績を言い訳に、教育に内在する矛盾を、「起きて当然だ」と、何とか正当化しようとします。時には、この矛盾を、「できない」と自ら定義した学生に対して極端に対処することで、このジレンマから少しでも楽になりたいと思うようです。たとえば、彼らに対して授業時間数を増やすとか、補習を必修として行うなどがそれにあたります。しかし、残念ながら、このジレンマから逃げ出すことができずにいる私たち自身に改めて気づくわけです。

　就職しても、英語を使う部署には回されずにいる卒業生が現実にいるからといって、TOEFL500を獲得する学生を出すことのどこが悪いのかと言われるかもしれません。それが私たちの大学の目標なら、誰からもそれが不当だとは言えないのは当然です。しかし、それは、あくまで大学の営業方針の一環であり、英語教育のすべてではないと思います。営業方針が教育政策（教育の方針）に先行し出すと、教育理念は失われる危険性が高くなります。それは大学の存在意義と関わってきます。大学は、現代社会の中で、社会の理想や未来を想像する数少ない場所の1つだからです。

　英語学習の目標が、英語検定試験で1級を取ることなのか、それともTOEFLで600点を取ることなのか。これはすべて個人の目標であって、これをもって、英語教育の目標とするには無理があるのではないでしょうか。もちろん、個別に詳細な目標をかかげるのは自由です。しかし、私たちの英語教育の目標は、すべての学習者にとっての目標でもあるはずです。人間社会の中で、組織として未来をまだ展望できるところがあるとすれば、それは高等教育機関でしょうし、そこでの教育方針が、仕事のためにしろ、純粋に趣味のためにしろ、理由は何にしろ、未来を築いていく世代にとって、有益でなければならないことは言うまでもありません。

(3) ニーズに合った英語学習

　日本人にとって、英語は外国語とは言え、アメリカでの外国語と同一には捉えられない側面があることは周知のとおりです。グローバル化の波の中で、英語でのコミュニケーション能力の習得は、その重要性を増しています。私の経験をもとに、実践力としての英語力について少し考えてみましょう。

　中学・高校と英語が得意でなかった（むしろ嫌いだった）私にとって留学当初は、英語を毎日使わなければ何もできない状態は、苦痛でもありました。ベッドに入れば、カラーの映像の夢の中で、英語でじょうずに話している自分の姿を見る日がしばらく続きました。27才の時にはじめて渡米した（初めての海外でもあったのですが）自分に、学問を研究しているという強い自意識が事あるごとに邪魔していました。そんな頃知り合いになった若い日本人留学生たちから随分恩恵を受けました。

　現実の世界で、どのように英語を駆使し自分の意思を伝え、フレンドシップを育むかという点から言うと、当時私が出会った若い日本人学生ほど上手にこなしていた連中はいなかったのではないかと思います。何が彼らをそこまでさせるのか。それは、とにもかくにも、サバイバルしなければならないと自覚していたこと、それから、自分に必要な情報は可能な限り獲得しようという強い意思にほかなりません。英語の点が何点とか、英語の成績が優だとかは、アメリカの大学でも進級のためにはもちろん大切なことですが、実際の生活では、英語の点や英語の成績は一切関係なく、相手の言っていること（あるいは、書いてあること）が理解できるか、言いたいことが伝えられるかが問題なのです。

　これに失敗すれば、週末に行けるはずだったダンスパーティーには参加できないのです。キャンプに一緒に行ったとしても、暗く静まりかえった湖にたたずみ、ときおり、大空に散らばる、今にも落ちてきそうな輝く星を見ながら、暗く静まりかえった湖のほとりに1人でたたずむことになります。そして、朝日で水面が照らされた時のあざやかさを1人で想像しながら、長い夜を過ごすはめになるのです。とくに、同行した連中が楽しくやっているのを横目で見ながら、翌日の朝日の美しさを想像するときほど、英語を学習している者にとって、わびしいものはないかもしれません。

英語教育の専門家たちは、まず、聞く力や読む力を養う必要があると言います。私の偏見かもしれませんが、聞く力や読む力がつかないうちは、話すことや、書く練習をしても伸びないといっているように私には聞こえます。
　もちろん、どの程度の英語能力を持った学習者を対象にそう言っているかいう点を明確にした上で議論すべきだとは思いますが。たとえば、中級のレベルを考えて見ましょう。ACTFL（The American Council on the Teaching of Foreign Languages）の言語運用能力の基準でいうと、中級レベルとは、ともかく、生活に関わることは、不連続・重複があっても簡単な発問、応答を繰り返し、コミュニケーションができるレベルのことです。
　中級レベルの学習者は、もし、情報が必要であれば、質問をすることで獲得できます。会話の最中、全部を理解できなくても、確認することで正確な情報を得ることができるのです。話の流れをつかみ、関連した内容で自分の知りたい事柄を獲得していくことができます。そうすることで、聞く能力も伸びてきますし、当然話す力も伸びてきます。
　社会で起きていることや学術的な情報や語彙を持ち合わせていないために、なかなか会話が成立しないということも確かにあります。アメリカ人と政治の話をしようとするなら、アメリカの政治の知識が必要でしょう。そうでないと、一方的に話されるのを黙って聞くふりをしながら、ときおり薄笑いをし、何と言っているかどうもよく分からないが、ともかく、うなずいてわかったふりをするしかありません。新聞や専門書からの知識があったらどんなにいいだろうと思うこともあるでしょう。しかし、ある特定の知識や読む力が十分でないからといって、コミュニケーションできないというわけではないはずです。
　私たちは、コミュニケーションの能力をもっと幅広く包括的に捉え、学習者に学習方法の選択肢を提供する必要があるようです。

2. 自己形成への貢献

　異文化理解や英語学習は、学生が自ら自己を形成する過程に、どのような影響を与えているでしょうか。異文化を理解するプロセスと英語を学習するプロセスとに分け、自己形成への影響を考えてみましょう。

(1) 異文化理解と自己形成

　ユタ大学（米国ユタ州のソルトレーク市に位置する）で大学院時代を過ごしていたころ、教育行政学科の研究助手の仕事のかたわら、非常勤講師として言語学部にも顔を出していました。その頃から外国語学習における異文化理解の重要性を意識しはじめました。日本に夏期研修プログラムを作るという話が持ち上がり、興味も手伝ってこのプログラムの設置を請け負いました。そして翌年の夏、15名のアメリカ人学生と一緒に1か月ほど日本で生活することになりました。日本人の価値観にあれほど批判的だった学生も、1か月ほどの研修の間に、文化の特異性、自分にとって好ましいもの（価値観）、批判すべき対象という具合に区別するようになり、やたら批判する態度は消えていました。

　サウス・カロライナ大学（米国サウス・カロライナ州のコロンビア市に位置する）に移ってから、文化理解の必要性を一層痛感するようになりました。南部のこの大学にある国際ビジネスの修士課程に日本語専科があり、幸運にも、この修士課程の大学院生に、日本語と日本文化を講義する機会に恵まれました。彼らの中には、日本とのビジネスに興味をもって言語学習を始めたものの、ビジネス活動の背景にある文化的な違いや文化価値の特異性に何よりも魅力を感じるようになった者も多くいました。ある大学院生が、「初めは、日本とのビジネスに引かれ、日本語を勉強したけれど、今は、日本人のものの考え方や生活様式、価値観をもっと知りたいと思っている。私の日本語の勉強は、一生続くかもしれない」というのです。彼のこの言葉は、言語学習と文化や人は、切っても切れない関係にあることを教えてくれています。

(2) 英語学習と自己形成

　つぎに英語学習と自己の形成との関わりについて考えてみましょう。帰国後赴任した大学で、学生の英語学習との関連で立ち上げたのが「インターンシップ・プログラム」でした。これは、文化交流の場面で、日本の大学生に現実を通して、英語と自己アイデンティティーの形成に役立つ方策はないものかと苦心した結果でした。このプログラムは、アメリカの学校に日本人の学生を送り、日本語と日本文化を教えるというものです。今では、よく耳にするプログラムです。

　選考にパスした学生は、約半年の学内研修を受けます。期限内に、期待された英語力、日本文化の知識、アメリカ文化の知識、教授法に達しなかった学生は、次年度に派遣されることになります。学内研修を終了後、9週間の現地でのインターン生活を送ります。インターンシップ終了後、彼らには、その間の出来事や経験を報告する義務が課せられます。また、この9週間は、基本的に任務地を離れることは認められておらず、地元の地域社会での活動を重視するよう要求されています。

　もちろん、インターンにとっては、不安を抱えての参加ですが、9週間を無事終了し戻ってきた学生たちは、態度、言葉遣い、英語運用に対する自信、自己に対する自信において成長が見て取れます。特に、アメリカでの経験を経て、自分の価値観を再認識する者も少なくありません。講義で学んだアメリカに対して、批判的になる学生、改めて日本の特徴を理解し直す者もいます。何よりも、学生自らの力で自信を獲得したこと、英語でのコミュニケーションを媒介に、アメリカ人や彼らの文化を自分なりに理解できたこと、そして、日本人である自分を伝え、自己を認めてもらえたことが、その根底にあるようです。最近の英語教育の外部依託や海外研修の増加傾向を見るにつけ、学生に異文化理解や自己のアイデンティティーの再認識を求めるためには、大学はその手段の適切性にもっと慎重であるべきだと思います。

3. 大学組織にみる英語教育の問題

　見落としがちな点は、英語教育の運営に関わる問題が、頻繁に大学組織の問題の反映である点です。では、大学組織のどのような問題が、英語教育の運営に影響しているのでしょうか。最も重大な問題は、学部への批判が影でしかできないとき、教員の不満が学生に向けられる傾向があることです。さらに、現状への対応の遅れ、教員の関心の低さ、対応の曖昧さも、この問題を増幅させていると言えます。

(1) 初めに観察

　日本に戻ったころ、英語教育の改善を要望されたものの、赴任先の英語教育プログラムがどんな状態かも十分に把握できていませんでした。つぎの年度のはじめまで、講義以外はそれほど忙しいスケジュールではなかったので、ともかく英語教育プログラムに何が起きているのか観察することにしました。観察には2つの利点があります。

　そのひとつは、自分を第3者的立場に置くため、余分な私的感情が入り込まないことです。すべてを客観視できるかというと、必ずしもそうではありません。しかし、英語教育改革の真っただ中にいる人、たとえば、改革の責任者なら、「観察」するという意識を自分の中に作り上げることで、「私がこんなに一生懸命エネルギーを割いて努力しているのに、周りの人間は他人ごとのように知らん振りで協力の「協」の字も口に出さない」などと、感情的になる気持ちをなだめることもできます。したがって、改革への賛同者も否定論者も何を根拠にしているのか、より理解しやすくなります。また、無益な論争を避けることにもつながります。

　2つめは、見たり聞いたりした情報を整理し直し、さらに、整理し直した情報を、自分の価値観、経験、知識に照らして、現状を包括的に把握する気持ちに余裕ができることです。数か月間の私の観察から、いくつかの事実が浮かび上がってきました。

(2) 不満の行き着くところ

　ある日の午後、さっき食べた昼御飯が、まだ、多少重くお腹に感じるので、ちょっと散歩でもしようと思い、日本庭園風のキャンパスをぶらぶら歩いていました。アメリカの大学にはなかった雰囲気が伝わってきます。そんな散歩にときどきつき合ってくれる先生たちがいました。親しみを込めたまなざしで接してくる彼らには、私がどのように写っていたのでしょうか。想像の域をでませんが、多分、14年間アメリカで過した人間の、少し日本人らしからぬ何かを感じていたのかもしれません。ひょっとして、あらぬ期待をかけられていたのかもしれません。

　会話を通してわかったことは、先生方は、学生の学力低下を心配していることがわかりました。それは、同時に学部が組織としてこの問題に対応する必要性を強く感じてのことでした。つまり、学力が十分でなくても、卒業までに十分な学力がつかなければ、学部の責任を果たせていないということだったようです。ひとつ弁護しておきたいのは、この学部にも、優秀な、そして勉学に励む学生たちもいましたし、教育に情熱を傾ける先生方もいらっしゃったということです。

　どんな批判だったかというと、年々学力の低い学生の入学が目立つようになってきたこと、授業には遅れてくること、課題はしてこない、やる気がない、学部の方針がはっきりしない、英語教育の成果が上がっていないなどでした。これを聞くと、多くの大学でも同じようなことが呟かれているのではないかと思います。重要なことは、教員の欲求不満が学生へ向けられ、時間の経過とともに、今度は学生が理由は何であれ教員を批判し始める可能性が高くなることです。こうなると、悪循環の環を断ち切るのは容易ではありません。幸運にも、こうはなっていなかったと思います。

(3) 負の要因

　批判の中で、ことに英語教育に関わると思われる点を3つほど指摘しましょう。つまり、定員増への対応の遅れ、カリキュラムへの関心の低さ、ネイティブ教員への対応についてです。この学部は、80年代の後半から臨時定員増で学

生数が2倍になりました。入学者全員が臨時定員増以前の英語の実力と同じ実力を持って入学してくれば問題はなかったのでしょうが、彼らの学力差が段々目立つようになってきたのです。しかし、しばらくの間、手段を講じることはなかったようです。結局、対応が遅れてしまったと言えると思います。

　また、英語教員が、自分が受けもつ講座以外に関心を持っていないという現状があったようです。教員同士で授業について話す姿をあまり見かけませんでした。講義中の雑談も講義内容に関連し、学生の興味を引きつけたりと、学生の勉学に何らかの利益をもたらすものであれば、それなりの重要性はあるのでしょうが、講義の内容以外のことに費やす教授もいたようです。また、学生の中には、1年次に使用した教科書を3年次でも使っていると不満をぶつけてくる者も出ていました。同じ教科書を異なる学年で使用することは、その教科書の活用方法にもよるので、一概に問題視はできません。しかし、問題なのは、この事実を当事者である教員が十分に認識していなかったことです。打開策を試みた時期もあったようですが、指導力の欠如からか解決されずにきていました。

　それ以上に問題だったのが、ネイティヴ教員への対応でした。ネイティヴ教員たちの欲求不満は爆発寸前まで来ていたと思います。ひょっとして、すでに噴火は終わり余震の頃に私が赴任したのかもしれません。英語講座の半数近くは、常勤ないし非常勤のネイティヴ教員が教えていました。私の研究室がたまたま専任のネイティヴ教員たちの隣になったことと、私が多少英語がわかることも手伝って、彼らから学部に対する不満を毎日聞かされました。

　結局、「諦めの境地」というのでしょうか。ですから、自ずと、授業が終われば、さっさと帰宅の途についていたようです。彼らは優秀な教員たちでした。言葉の壁もあったのでしょうが、行政部に尋ねてもなかなか返答をもらえない、理由がわからない、契約事項以外のことをさせられるなどの不満を持っていました。職員の中には、専任のネイティヴ教員は夏休みの前など、学期が終了するとさっさと本国に戻ってしまうと不満げに話す者もいました。私の目から見ても、さっさと本国に戻りたくなる気持ちになるほうが自然だと思いました。契約事項に関しても非常に曖昧でしたし、ともかく、はっきり回答していませんでした。

プログラムの観点から英語教育を改善する場合、大学組織が英語教育にどのような影響を与えているか、あるいは、どのように関わっているか理解することが大切です。改善過程での最大の課題は、英語教育に対する大学教員・職員の意識を変えることです。また、学生たちについての理解を深めることやカリキュラムを構造化することも大切な課題です。アメリカでも日本でも、大学組織は長期計画に則って運営されるよりは、慣習として1年1年の運営を基盤にします。しかし、未来が不確実な環境では、中期・長期の戦略的計画が必要ですし、英語教員（日本人、ネイティヴ）が働きやすい環境を整備し、事務系の事務効率を高める改善も行われるべきです。

4. プログラム運営上の問題

最後に、英語教育プログラムに関わる最も重要な問題について考えて見ましょう。まず、伝統的に下位ポジションへの権限委譲が不十分であったため、組織活動を円滑に行うことができない状況にあったということです。つぎに、責任を取らなければならない地位にいながら、その地位に付随する責任を認識できず、その地位に付随する権限を尊重するという考え方が不足していた点があげられます。

(1) 権限の尊重

この学部の語学教育センターに属する主要言語は、英語、ドイツ語、フランス語、スペイン語、中国語、第二外国語として、ハングル語、インドネシア語、ロシア語が設置されていました。主要5言語には、それぞれ「責任者」を置き、英語科の場合、教授が担当するのが伝統とされていました。

教員採用の場合、申し込みして来た者たちを、英語担当の教授グループ（助教授、専任講師は除外）で話し合い、結果を人事委員会に提出し、人事委員会が執行部に推薦し、教授会で決定するというプロセスを取っていました。誰を教員として採用するかは、現場の責任者としては、最も重要な事項です。教授

であった語学教育センター長から意見を求められたことはありましたが、当時、私のランクは「助教授」でしたので、「責任者」とは言えこの意思決定過程への参加は認められていませんでした。後に語学教育センター長がほかの者に交代してからは、教授会での審議の結果から英語教員として誰が採用されたかがわかるという状況になりました。

　では、なぜ、助教授である私を責任者にしたのでしょうか。結論から言うと、手足になって動いてくれる人間がほしかったということです。人事関連など主導権は、今までどおりに教授が保持したのです。この学部では、委員会の委員長、英語の責任者も教授ランクの人間が就くことになっており、教授連中からすれば、英語教員の人事関連事項は教授ランクの者が扱うのは当然だということだったのでしょう。しかし、一方では、「英語教育がうまくいっていない」という明らかな共通認識がありました。しかも、「解決方法がわからない」という現実があったようです。そこで、考え出された方法が、経験のありそうな「若手の起用」だったのではないかと推測します。当時、私がその「若手」と見られたのでしょう。若手の経験はほしいが、人事関連事項など重要事項に対する影響力はなくしたくないというのが、私を取り巻いていた教授たちのメンタリティーであったと思います。

(2) 責任の所在

　カリキュラムでも、プログラムでも、運営責任を明確にすることは、最も重要な点です。明確にしなければ、改善・改革を継続することは不可能だからです。毎年、語学教育センター委員会の第1回目の会合では、その年度の職務分掌が提出されます。その年もいつものように開かれたのですが、新しく就任した語学教員センター長は、ご自分の名前を英語教育の責任者の欄に書き込んでおられました。つまり、語学教育センター長と英語教育プログラムのディレクター（責任者）を兼任しようとするものでした。同時に、つぎのような説明を始めました。「英語教育プログラムは、今までどおり植山案を踏襲し、植山先生にはネイティヴ教員のまとめ役をやっていただきたい」。私は、今年度中のディレクターへの在任を主張し合意を得ました。

当時、「責任者」の名称は、学部内では意思決定過程のポジションの機能として十分に認知されていませんでした。私は、「責任者」という名称は、責任の所在を不明確にすると考えました。もし、責任者であるなら、英語教育のカリキュラムの運営にも責任をもつべきであり、責任を果たすためには、それ相応の権限が必要であると考えていました。そこで、意思決定過程における地位を獲得するために、英語担当の責任者を「ディレクター」と自ら呼ぶようにしました。この名称は、私がディレクターの地位を退いた後も使われていました。しかし、数年後、「ディレクター」という地位は、大学の規定にはないと云われたとかで、困惑した教員が私に話してくれました。私から見れば、「ある」・「ない」の問題ではなく、ディレクターという名称がないのであれば、規定を変更してでも、システム作りに取り組むことが本来の姿であると思います。もちろん、「英語教育の改善を本気で望んでいれば」ということが前提ではあります。

　つまり、「責任者」であろうが、「ディレクター」であろうが、名称は異なっても、その地位がもつ機能は変わらないはずです。「ディレクター」というポジションが存在しないということであれば、そもそも、「責任者」と名づけたのは何のためなのだったのでしょうか。何か問題が起きたら、教務部長が英語教育関連の問題に対する責任を取るのでしょうか。語学教育センター長が取るのでしょうか。責任の所在が曖昧であれば、改善を試みても、改善の責任を誰が担うのか不明であるため、結局、改善・改革の継続性（renewal）は期待できないことになります。

まとめ

　本章では、プログラム運営と教育政策作成の観点から、英語教育プログラムの課題を概観しました。まず、英語教育プログラムは、学生の英語能力の改善を保証できるものではなければなりません。そのようなプログラムでは、学生は自分のニーズに合った学習が可能になります。プログラムとしての英語教育の目標は、細かい目標も必要ですが、それ以上に学生全体に対する目標がきわ

めて重要です。プログラムの学習効果は、単に言語習得のみならず、学生個々の自己形成に役立つことが期待されているからです。

　改善過程では、教員からの不満、批判が表に出るような、そして自由に議論できる雰囲気作りが課題になるでしょう。そして、教員やスタッフが、問題には迅速かつ積極的に取り組めるプログラム運営が望まれます。責任者は、権限の独占は避け委譲を心掛けることが大切です。しかし、責任の所在は明確にしておく必要があります。最後に、プログラム改善を行う指導的立場にいる人たちは、疑問に対する返答を曖昧にしないためにも、現状を客観的に見るように努める必要があるようです。第2章では、プログラムとはどのようなものか、その組織機能や効力について考えてみましょう。

第2章

英語教育プログラムの定義

　英語教育をプログラム化するということは、どんなことなのでしょうか。この章では、この点について少し詳しく見てみようと思います。どのようなカリキュラムを改善するにしても、すでにそこにいる人たちによって特定の価値観が形成されています。そこで、第1節では、私の経験をもとに、教員集団が形成する価値観について考えてみます。第2節では、カリキュラムとプログラムを対比して、プログラムについて理解を深めます。第3節では、カリキュラムを形づくっている要素とプロセスを見てみます。第4節では、プログラム化について概観します。第5節では、組織機能の観点から英語教育プログラムについて考察します。第6節では、英語教育プログラムの「効力」について考え、その判断基準とはどのようなものか考察します。

1.　なわばり意識の解消

　赴任後しばらくして起きた一連の事件から、英語教育に携わっている者の間で、なわばり意識が強いことを実感させられました。この意識の解消こそ、英語教育をプログラム化するために不可欠なものだと思いました。
　ある日の午後、少し遅い昼御飯を食堂で取っていると、若手の英語教員の1人が、私のテーブルに座りました。いつものように雑談から仕事の話に変わっていくのを、「ちょっと辛いな」と思いつつ、流れに任せて聞いていました。話は英語教員の資格のことに終始しました。当時、英語教育の成果が出ていな

いということで、学内では英語教員が随分批判の対象になっていました。

この若手教員は、話の終わりに、「植山（私のこと）先生は、英語教員ではないですから」とつけ加えました。なぜ、そのようなことを私にあえて告げるのでしょうか。

私は、教職課程の講座担当ですが、職務上英語も教えるという二足のわらじを履いていました。すべての英語教員が、私が英語教育の責任者になったことに好意的でないことはわかっていました。しかし、私の赴任理由のひとつは、英語教育を改革することであり、それをこの学部のトップから請け負っただけです。もし私が責任者に任命されたことが不満であるなら、なぜその不満を学部トップにぶつけないのでしょうか。私が英語教員でないというのなら、ほかの教員はどうなのでしょうか。この学部では、日本人、外国人にかかわらず、英語教員は、英語教育とは異なる分野からも来ていました。英語教授法、英語の運用能力、学生への対応能力などを考えると、いろいろなタイプの英語教員がいました。

私は自分自身を「英語教員だとか、そうでない」とかいう意識に無頓着でした。ある英語教員から、私は英語専任の「ステイタス」がないことを指摘されるまでは。

ある日、語学教育センターで事務処理をしていると、日本人の英語教員のひとりが「昨晩の食事会でお目にかかりませんでしたね」と声を掛けてこられました。私は何のことやら分からないままに、「どんな集まりでしたか」と聞き返しました。それは、この学部の伝統として続いている英語教員の集まりだということでした。後で、英語教員である私の上司に、なぜ英語教育プログラムのディレクターである私に連絡がなかったのか尋ねたところ、私は英語専任でないので連絡が行かなかったのだと返答されました。

あとで分かったことですが、この集まりは、学部の英文学専攻の教員たちの集まりで、私を除く英語教育プログラムの日本人の専任は、この集まりに参加することを期待されていたようです。英文学系教員イコール英語教員の構図ができ上がっていたのです。

また、ある日、私の上司である語学教育センター長から、上述した「英語教

員の集まり」に外国人教員も参加させたいので、彼らから年会費5,000円を徴収するよう言われました。ある時は英語専任でないので集会には呼ばない、ある時は、責任者だから会費を徴収しろというわけです。

　ともかく、このことを外国人教員に伝えたのですが、返事は、「年に1回しかない食事会のために、なぜ年会費5,000円も払わなければならないのか」という言葉だけで、後で会費を払って参加した方もおられたかもしれませんが、私が伝えた時は全員「参加しない」という答えでした。ニュース・レターか何かが年間を通じて手許に来るのなら話は別だったのでしょうが、食事代に5,000円かける外国人教員はいませんでした。

　これは、メリットを優先する彼らの感覚を無視した行為であったわけです。根底に共通の志がある場合はともかく、食事会に参加することで団結しようとする感覚は、理解されるわけもありませんでした。この会費の徴収は、必ずしも好ましい手段ではないと思ったので、外国人教員がなぜ参加しないか、上司に伝えました。

　日本人の目から見ると「日本にいるのだから、日本の慣習に従うのが当然で、従わないのは、日本人の価値観を理解しようとしないのと同じだ」と言われそうですがしかし、それは、私には、手前勝手な理屈のようにも思えます。もし、日本的価値観の理解を求めるのであれば、「日本人の価値観」とやらを適切に説明する必要があるでしょう。それをしないで、単に手段に訴えれば、それは押しつけに変わります。彼らが会費を払わない理由も理解されるべきだったのです。

　英語教育の現場は、日本人あり、英国人あり、ドイツ人あり、アメリカ人あり、スリランカ人あり、アフリカ人あり、オーストラリア人あり、カナダ人あり、ニュージーランド人ありと人種のるつぼですし、彼らの学問領域もさまざまです。まさに彼らの考え方、価値観や習慣などが、英語の教育現場を創り上げているのです。このダイナミズムは乱れることもあれば、強力なパワーになることもあります。今、英語教育の現場では、このパワーを最大限に活用すること、日本人教員を含む教員間の相互理解を強めることが求められているのではないでしょうか。

多くの大学が、英語教育の改善を図るために、あらゆる手段・方法を模索して来ました。否、大学は、英語に対する学習意欲の違いや学生の英語に対するニーズの違いから、英語教育の多様化を模索せざるを得なくなったと言ったほうがいいのかもしれません。加えて、上述した英語教員の価値観・習慣の違い、また、教授法の違いや教授訓練を受けた場所（国・地域）の違いから、英語教員（日本人・外国人）の質の多様化も進み、英語教育の多様化現象に拍車をかけています。この多様性から生み出されるパワーやダイナミズムは、カリキュラムやプログラムを改善する場合、必要不可欠ではないかと思います。これが、誰しも陥りやすいなわばり意識を解消することが求められるゆえんです。

2. カリキュラムとプログラム

この本は、英語教育改善のために、今あるカリキュラム（今のところ、講座・コースの体系としておきます）をプログラムとして機能するように、マネジメントするというテーマを持っています。この観点からすると、プログラムのマネジメントの責任（responsibility）は、プログラム・ディレクターが果たし、カリキュラムのマネジメントは、教員の果たすべき責任であるということになります。

しかし、カリキュラムとプログラムの用語は、研究者の間でも似たように使われ、はっきりと定義されていないのです。そこで、混乱を避けるために、この節では、この2つの用語の概念を、本書の内容理解に沿う形で説明します。

チャールズとマートラーは、彼らの著書『教育研究入門』の中で、カリキュラムとは、「個々のコースやコースのまとまりで目的や活動を含んでおり、教授（教えること［筆者記］）プログラムを詳細に示したもの」で、たとえば、「生物学のカリキュラム、第5学年のカリキュラム、中学校のカリキュラムといったものである」といっています。一方、プログラムは、「学校によって提供される教育計画全体の要素を構成する、幅広い範囲で組織された努力のこと」であり、「例えば、社会科プログラム、スポーツプログラム、音楽プログラム

のように、それぞれの目的やクラスによって詳細がわかる」ものであるとしています。

　新井郁男は、著書『改訂版　教育経営論』の中で、カリキュラム（日本語訳で教科課程）は、「教育学においては、元来、児童・生徒・学生が学校で履修する特定の学習プログラム」のことで、伝統的に、社会科カリキュラム、体育カリキュラムのように、各教科または科目ごとの学習プログラムにカリキュラムという用語が使われたが、現在は、「特定の教材、科目ではなく、すべての教科、科目を含めたものとして使われるようになり、さらに教科、科目のみでなく、それ以外の活動で、学校によって組織されているものを含めてカリキュラムと呼ばれるようになってきた」と説明しています。

　このように、カリキュラムとプログラムという用語は、意味において重複する部分が多いため、用語を使う私たちの間でも混乱が生ずる可能性が高いのです。そこで、本書では、あえてカリキュラムとプログラムを異なるものとして捉えることにします。

　本書では、カリキュラムは「教育方法、評価方法も考慮した上で、段階を踏み連続して行われる授業のまとまりとしての講座（コース）、ないしその集合体である」としましょう。

　一方、プログラムは、カリキュラムより広義に解され、「講座（コース）群（カリキュラム）が、ある特定の目標を達成するために有機的に関連しあう、メカニズムを生み出すまとまりである」と捉えます。つまり、異なる講座（コース）を扱い、教育方法も折衷的、評価は多面的、しかも、メカニズムを継続、発展させるために、コーディネーション機能を有する組織体であるとします。この組織体の活動それ自体が、チャールズとマートラーのいう「幅広い範囲で組織された努力」と考えられます。

3. カリキュラム

前節で、カリキュラムを「教育方法、評価方法も考慮した上で、段階を踏み連続して行われる授業のまとまりとしての講座（コース）、ないしその集合体である」と捉えました。では、それ自体どのように構造化されるのでしょうか。マックリアリ・ブラウディ・モデルは、表2-1が示すように、教授（teaching）は教育目標（コース・ユニット・レッスン）、教育内容（狭い意味でのカリキュラム）、教育方法、学習結果、評価システムの5つのサイクルによって成立するとしています。本書では、5つのサイクル全体をカリキュラムと見ています。

表2-1 マックリアリ・ブラウディ・モデル

①各コース・教育目標（達成可能な目標）　→
②各コース・教育内容　→
③各コース・期待される学習結果　→
④各コース・教授法　→
⑤各コース・教授／学習評価　→

注）「→」は手順を表す

本書で定義したカリキュラムでは、英語教育の教育目的は、高等教育機関として掲げる理念や大学や学部教育の目的・目標と連動します。藤田昌士は「教育目的はどちらかといえば、教育が実現をめざす価値の究極的・統一的表現としての性格を帯びるのに対し、教育目標のほうはより個別的・具体的であり、教育活動の個々の領域に即していわれることが多い」と言っています。本書の「はじめに」や第1章でも触れましたが、英語教育プログラム独自で教育目的を設定した場合、学内政治の都合のよいターゲットになる可能性が高いので、注意が肝要です。

①コースの目標は、「教育目的達成のために必要な目標は何か、目標を達成するためには、どのようなコースを準備しなければならないか」を決定します。各コースの達成可能な目標を設定します。

たとえば、読む速度の向上、包括的理解の精度向上、言語運用能力の向上などです。

②教育内容を選択します。一般にはトピック、課題、体験などが考えられます。さらに、それらを最大に提示できる教材を選択します。

③各コース・講座でどのような教育方法が適切か判断します。一般には、講義形式、グループ活動、問答形式、討議形式、発表形式、個人学習などが教育方法として考えられます。また、どの程度日本語、英語を併用するのかという使用言語の頻度も課題になるでしょう。

④期待できる学習成果もあらかじめ予想します。

たとえば、学期末までに読む速度を20％アップし、包括的理解の精度を20％アップなどです。また、目標に対する学習結果が、数値ではなく、程度で表現される場合もあります。たとえば、言語運用能力のように、初級、中級下、中級中、中級上などがそれに当たります。

⑤各コース・講座の目標がどの程度達成されたか確認するために、評価項目・基準、データ収集方法、分析方法を決めます。データ収集と分析方法を考える際、エネルギーと時間的効率を念頭に置くことが重要です。教員は「効率」」という言葉を嫌う傾向があるようです。しかし、この場合「効率」とは、余計なところにかけるエネルギーや時間はできる限り節約し、節約したエネルギーや時間を、本来必要とされる学生とのコミュニケーションや指導に役立てることを意味します。

最後に、カリキュラム全体は、誰が読んでも理解でき、共有できるように明文化します。

4. プログラム化

前節では、カリキュラムの定義について考察しました。表2-1に示したコース（講座と捉える）の間の関連性を確認する作業を加えると、プログラム化の一歩を踏み出したことになります。各コース・講座の教育内容に重複はないか、

あるとしたら、重複を認める理由は何か。教科書は、各講座（コース）を適切にカバーしているか、講座（コース）間を越えて、教材の重複はないか。あるとしたら、どのような理由からか。その理由は、妥当なものかなどの問いを、プログラムの目的（ミッション）・目標に照らして整理します。

　コース間の関連性は、横の繋がりと、年次を超える縦のつながりを持ちますが、そのつながりが段階を踏んで行くものなのか、学生の興味の対象として履修可能な形なのか、これも解決しなければならない問題です。

　教授法についても、各教員によって得意とするテクニック、技能がありますから、どの講座を担当していただくか、また、どの技能を活かしていただくかなど考慮すべき点が現れてきます。

　規模の大きいプログラムの運用は、ひとりでは困難です。少なくとも数人を核としたグループで運営することになります。そのとき、カリキュラムが存在する理由としての「教育目的」や「教育目標」をグループ全員が十分に共有していないと、各コースで問題が起き、コース間の連携がうまく行かなくなった場合、何を基点に修正を加えればよいか分からなくなります。目的や目標を正確に理解していれば、修正についての話し合いも、この基本的合意の下に進めることができます。ここに、カリキュラムを運営するというプログラムの機能の発想が生まれます。

5. 組織機能としてのプログラム

　上述したカリキュラムとプログラムの概念をもとに話を進めましょう。この節では、運営の観点から見て、英語教育のプログラムがどのようなものか、そのイメージ作りをしましょう。まず、ESLとEFLの違いから、英語教育プログラムの求められている姿を考えます。ついで、英語教育プログラムの特徴を考察し、最後に、英語教育プログラムの組織体としての特徴について説明します。

(1) ESLプログラムとEFLプログラムの違い

　英語教育の分野でよく比較されるのが、「第2外国語としての英語」と「外国語としての英語」の概念です。前者は英語で「English as a Second Language」と言い、後者は、「English as a Foreign Language」と言います。この2つ、同じ英語を外国人に教えるのに、一体どこがどう違うのでしょうか。両者の違いをプログラム運用の観点から見てみることにします。

　ESLプログラムは、たとえば、アメリカの大学に付設されていて、授業外でも英語を主要言語として一般生活の中で使用することができます。日本人留学生は、授業で学習した内容・技能を、ESLプログラムの外で訓練することができるのです。しかし、日本に設置される大半の英語プログラムは、EFLプログラムで、クラスを一歩出れば、学習言語である英語を使う機会が、ESLプログラムで学ぶ日本人留学生に比べ、極端に少なくなります。

　2年前、私は、友人が経営するアメリカの大学付設のESLプログラムで、3週間ほど英語の研修を久しぶりに受けました。このとき、再度認識させられたことは、授業外で英語を使用する頻度の重要性です。極端な話、学習者は、ESLプログラムの授業では、内容と技能の使用方法を学び、授業外で、つまり外の環境で訓練します。しかし、EFLプログラムの授業では、ESLプログラムのように学習したことを訓練する外の環境が制限されています。自ずと、授業では訓練を主体にした展開が不可欠になり、学習者には、授業外での知識獲得の学習が期待されます。ここで、「学習への動機づけ」が、さらに重要になってきます。

(2) EFLプログラムとしての英語教育プログラム

　上述した観点から、日本の英語教育プログラムを捉えると、運営組織構造には違いがあっても、基本的には、EFLプログラムの機能です。しかし、英語教育分野以外の教員と英語教育について議論すると、日本の英語教育をESLプログラムでおこなっているように錯角して話される方も多くおられます。また、「日本での英語教育はだめだから、イギリスやアメリカの英語トレーニング・プログラム（ESL）に送らなければ、学生の英語は伸びない」と言い切る方もい

ます。海外へ語学修得のために学生を送ることの是非はともかくとして、ESLプログラムとEFLプログラムの特徴を踏まえた上で、ESLプログラムでできること、EFLプログラムできることを、学生の英語学習意欲や能力に照らして理解する必要があるようです。

　日本の英語教育プログラムが、EFLプログラムの特徴をもつとしても、いったい、どのように日本の英語教育プログラムをイメージすればよいのでしょう。手っ取り早い方法としては、大学の言語学部のスペイン語や中国語のプログラムと比較して考えるとよいかもしれません。両言語のプログラムも、取り巻く環境が学習言語とは異なり、日常生活に中国語やスペイン語を使用する人たちはごく限られた数であることから、英語教育プログラムと同様、EFLプログラムではあります。

　しかし、問題なのは、ほかの言語に比べ、英語教育に対して、大学・学部、企業、社会からの要求が非常に高い点にあります。つまり、より高い成果が期待されているわけです。ですから、英語教育プログラムを運営している側が、英語教育プログラムもほかの言語教育プログラムと同じようなEFLプログラムであるというような認識でいると、大学・学部、社会の期待度との間にギャップが生まれ、それに悩まされることになります。

　また、上述したように、大学・学部、社会などの環境を構成する人びとは、英語教育プログラムをESLプログラムと理解しているため、EFLプログラムの特徴を無視して、到達可能な結果以上の成果を要求して来る場合もあるかもしれません。したがって、英語教育プログラムは、「何ができるか、何ができないか、何ができたか」について説明責任を果たす必要があります。そのためにも、外部に対してコミュニケーション手段を意識的に構築、継続することが重要課題となるのです。また、見方を変えれば、この説明責任を果たす機会は、英語教育プログラムの存在意義を社会や企業に認識してもらえる良いチャンスでもあります。

(3) 組織機能からみた英語教育プログラム

　組織の意思決定機能という観点から見ると、英語教育プログラムには3つのタイプが考えられます。ただこれも、大学・学部内部の意思決定過程とどのように関連しているかによって、さらに細分化されるかもしれません。

① タイプ1：英語教育プログラムが、学部ないし大学のカリキュラムの一部として取り扱われており、曜日・時限、講座（コース）の教員割り当て、教員採用の発議権は、英語教育プログラムの上部組織（例えば、教務委員会、人事委員会など）が有し、英語教育プログラムはその実質的権限である<u>実行・遂行権限のみ有する</u>。

② タイプ2：カリキュラム上、大学・学部のカリキュラムと連動はしているものの、曜日・時限、講座（コース）の<u>教員割り当ては、実質的に英語教育プログラムの権限内と定められ、実行・遂行権限をも含</u>めて統括する。

③ タイプ3：大学・学部のカリキュラムとは分離して、英語教育プログラムとして独自に運営されるケースである。この場合、語学教育センター、語学トレーニングセンターなどの名称をもつ上部組織を持っている場合も多い。前の二つのパターンとの決定的な違いは、教員を雇傭できる<u>人事発議権を有している</u>。

　ちなみに、大学英語教育学会実態調査委員会の2000年の調査によると、人事発議権に関して、360の国・公・私立大学中49％は、学部が有していました。外国語センターのような学部と独立した組織は約8％でした。約16％の大学では、人事発議権が「英語教員集団」に属していたということです。

　学部・大学に所属する英語教育プログラム、カリキュラムの多くは、タイプ1・2の特徴を色濃く持っていると言えます。プログラムを組織化・運営し、英語教育の改善を図ろうとする場合、みなさんの英語教育プログラムが、どの程度の決定権（能力）を持っているか、その決定能力の範疇で、今考えられている改革や改善が達成可能かどうか、を知ることが重要な課題になります。また、今考えられている改革や改善を押し進めるために、既存の組織体のどの部

分を改善しなければならないのか、などの問いに答えることで、皆さんのプログラムの運営上の状況を把握することができ、改善へ向けた重要な第一歩となります。

6. プログラムの効力

つぎに、プログラムというものが、私たちの求める目的・目標を、どの程度達成する能力があるのか考えます。この問題は、きわめて重要な問いかけです。この問いに、ある程度答えを持っていないと、講座群を組織化し、教員を適切に配置し、教材も適切に選択し、評価手段も準備し、プログラムを運営したとしても、いつごろ、結果を期待できるかわかりません。つまり、第5節の (2) で述べた社会・大学・学部に対する「説明責任」を、いつ果たせるかわからないのです。

この節では、英語教育プログラムの「効力」、すなわち「達成能力」について説明します。効力とは、そのプログラムが持っている「結果を生み出す力」のことです。ここでいう「結果」とは、教育結果だけでなく、プログラムが生み出すあらゆる結果を言います。「効力」は、プログラムの組織を支えるいくつかの判断基準の相対的な関わりによって決定されます。

(1) プログラムの効力とは

キャンベル、コーベリー＆ナイストランドは、『教育行政学入門』の中で、「効力」とは、目標（goals）を達成することを意味し、「効率」（efficiency）とは、可能な限り低いコストであることを意味するといっています。事実、プログラムを運営していると、運営費不足、メンパワー（人員）の不足に悩むのが常です。当然、低いコストでより良い結果、少ないエネルギーでより良い結果を模索することになります。こう考えると、「効率」はプログラムの「効力」を生み出す手段であると言えます。ただし、効率化で生み出した資源やエネルギーは、教員と学生の教育・学習活動に転化されるべきであり、プログラムの効

率化は、教育活動を妨げるものというより、むしろ、教育・学習活動の潤滑油だと私は考えています。

さらに、ホイ＆ミスケルは、『教育行政学：理論・研究・実践』のなかで、「組織の効力」は多面的であり多数の判断基準によって決定されると言っています。つまり、プログラムが、効力を最大限発揮しているかどうか確かめるとき、学生が目標を達成したかどうかだけを判断基準と見るべきでなく、ほかの判断基準も、プログラムが教育力を発揮するためには、必要不可欠であると、両者は示唆しています。では、そのような判断基準は、どのように捉えられるのでしょうか。また、どのようなものなのでしょうか。

(2) プログラム参加と英語力改善の関係

「効力」を決定する判断基準は、教育プログラムが結果をもたらす能力を見定めるために、どうしても必要なものです。では、この判断基準は、どのように捉えられるのでしょうか。この点を明らかにするために、ある企業が、高品質を維持できるようになった製造過程を見てみます。教育現場と製造現場では、環境があまりにも違いすぎ、みなさんのなかには、製造現場を例にすることは妥当でないと考える方もおられると思います。しかし、私がそこに見た光景は、まさに教育の現場でした。

海外にある大手の日本企業を訪問したときのことでした。新しいプラント（製造工場）を見せて欲しいという突然の私の申し出にも、こころよく応じてくださり、内部を見学することができました。ここでの新商品は、基礎研究から商品化まですべて自前だということで、この成功にかける意気込みが感じられました。

しかし、教育レベルも決して高くないこの地域で、一から製造することができる労働力の質を、いったい、どのように確保するというのでしょうか。私はこの疑問を工場長さんに直接ぶつけてみました。工場長さんの話によると、労働者の質は職業訓練を行うことで補えること、さらに、ここで働いているアメリカ人たちは、職場に誇りをもっているということでした。

私は、この工場長さんに、どうして彼らが職場に誇りをもつようになったの

か説明を求めました。このプラントができた当初、マニュアルを作成し、製造過程の各セクションの人間は、このマニュアルに従って作業をすることになっていました。しかし、最終工程で、不良品が多く出たのです。そこで、マニュアルの内容を熟知しそれに従うより、問題点を各セクションの者たちで話し合い、改善方法を考え出す方向に指導方針を転換したそうです。持ち場を任された労働者、技術者、スタッフは協働し、つぎつぎと改善策を編み出していきました。すると、品質が向上し、不良品の数が激減したそうです。そして、労働者、技術者、監督者、スタッフは、自分たちの生産するものに誇りを感じるまでになったのです。

　実は、それ以上に、職場への誇り、献身、意欲の向上が見て取れたということでした。そして、何よりも、自分たちの行っていること（方法論）に自信を得たことでした。もちろん、そこには、明確な目標、相互の意思疎通、会社トップの理解、工場長のリーダーシップがあったことは言うまでもありません。不良品の削減、品質向上をめざす労働者、技術者、監督者、スタッフの一連の作業過程は、まさに相互教育のプロセスであったわけです。

　英語教育と大きく異なる点は、製造のプロセスでは、品質向上の対象が、生産された「商品」であるのに対し、英語教育の場合、向上の対象が、教員・スタッフ・監督者と一緒に教育・学習プロセスに関わっている学生の「総体的な英語能力」である点です。言ってみれば、総体的に学生の「英語能力」を向上させる要因は、彼らが所属するセクションの教員の質であったり、協働、セクションで学ぶ誇りであったり、学生自身の学力であったりするわけです。

(3) 英語教育プログラムの「効力」の判断基準

　教員、スタッフ、学生、そして監督者であるディレクターが、プログラムで、「学生全体の英語力」向上を目的に活動するとき、「学生全体の英語能力」を達成できるプログラムの能力が「効力」だといえるでしょう。そして、その判断基準は、明確な目的、学生自身の能力、教員の質、プログラムに対する誇りなどであったりします。

　そこで、組織的効力のゴール・モデルの考え方と、先ほどの事例から考えら

れる英語教育プログラムの「効力」の「判断基準」を以下に整理しました。ホイ＆ミスケルによれば、ゴール・モデルとは、目的を達成する程度を「効力」の核と見る考え方で、ゴールには、公の目的（文面化され、公に示された目的）と運用上の目的（実質的に追い求められている目的）があるというものです。

1) 公の目的（ゴール）
   ・プログラムの使命・目標が明確である。
   ・教員、スタッフ、ディレクターの期待される行動が明確である。
   ・教員、学生、スタッフ、ディレクターの期待される能力が明確である。
   ・公の意思決定手続きが明確である。
   ・実行する上での方針が明確である。
   ・カリキュラムが適切である。（各講座・コースについて）
   ・授業、講座（コース）間の関連性が明確である。
   ・教材が適切である。

2) 実際の運用上の目的
   ・教員、学生、スタッフ、ディレクターは実際に課題を達成している。
   ・教員、学生、スタッフ、ディレクターの間のコミュニケーションが円滑に行われている。
   ・教員、学生、スタッフ、ディレクターには、行動や気持ちの上で調和が取れている。
   ・適切な予算、施設、教員（数・質）が確保されている。

3) 運営機能
   ・教員全員が参加できる意思決定過程が機能している。
   ・クラス、講座（コース）、プログラムが機能している。
   ・適切な雇用がなされている。
   ・事務上の手続きは明確で迅速である。

4) 教員／学生と教育の結果との関係
 ・このプログラムで教育／学習していることに誇りを感じる。
 ・教育・学習意欲が高い。
 ・教員、スタッフ、ディレクターは、職務に献身的である。
 ・教育、学習に自信を持っている。

5) 外部環境・価値観との緊密性
 ・学部・大学の使命・目標と英語教育プログラムの使命・目標との関連が明確である。
 ・学部・大学は、適切な施設を持っている。
 ・短期、中期、長期の明確な計画を持っている。(ホイ&ミスケルによれば、取り巻く環境が変われば、効力も変わる)

 つまり、英語教育プログラムの効力は、1) 公の目的（ゴール）、2) 実際の運用上の目的、3) 運営機能、4) 教員／学生と教育の結果との関係、5) 外部環境・価値観との緊密性に左右されるといえます。そして、「効力」の程度は、プログラムを取りまく環境との作用で決定され、異なる環境にあるプログラムは、当然、効力も異なるのです。
 英語教育プログラム運営や開発に関わる際、ほかの大学で実施しているので、うちの大学でも実施すべきであるという安易な発想はせず、各大学・学部が置かれている状況、取り巻く環境、英語教育プログラムが抱える問題や課題を十分に認識した上で、独自の方策を生み出すことが、「効力」を十分に発揮するプログラムを開発する上で重要であり、また、長期的な発展も見込めます。

 まとめ

 第2章では、プログラムとはどのようなものかについて考察しました。まず、カリキュラムとプログラムを比較しながら、本書で扱うカリキュラムとプログ

ラムの概念を定義しました。カリキュラムは「教育方法、評価方法も考慮した上で、段階を踏み連続して行われる授業のまとまりとしての講座（コース）、ないしその集合体である」と捉えました。一方、プログラムは、カリキュラムより広義に解され、「講座（コース）群（カリキュラム）が、ある特定の目標を達成するために有機的に関連しあう、メカニズムを生み出すまとまり」であり、人事発議権などを有するか否かによって、その特徴が異なるようです。

　さらに、プログラムの「達成能力」である「効力」について考察しました。最後に、英語教育プログラムの「効力」の判断基準を「公の目的」、「実際の運用上の目的」、「運営機能」、「教員／学生と教育結果との関係」、「外部環境・価値観との緊密性」の5つの側面からまとめました。

　第3章では、英語教育プログラムに影響を与える外部環境とは、どのようなものか考察します。

第3章

英語教育プログラムを取り巻く環境の把握

　前章で、英語教育プログラムの「効力」は、それを取り巻く環境から影響を受けることが明らかになりました。つぎに問題になるのが、英語教育プログラムを取り巻く環境とは、どのような環境だろうかということです。この章では、プログラムに影響を与える環境そのものに焦点を当て、この問題を考えてみます。第1節では、環境を把握する重要性について、少し踏み込んで考えてみましょう。第2節では、環境の静態的側面として財的支援、組織、施設、意思伝達、人材、政治、学生の7つの側面について説明します。第3節では、環境の動態的側面のひとつ、過去の側面、つまり環境の歴史的把握の重要性について考察します。

1. 環境把握の重要性

　私たちは、英語教育プログラムを創造するとき、資金、人員、施設などの確保と内容、手段・方法などの決定をおこない、理論的に、目的・目標を確実に達成できるプログラムを、目にみえるようにコンピュータやペーパーの上に表します。このプログラムは、どこから見ても、理論的には優れたプログラムです。このように、プログラムが本質的に保持している価値ないし質のことを、スタッフルビーム（Stufflebeam）は、メリット（merit）と呼んでいます。
　しかし、実際には、メリットだけでは、英語教育プログラムの効力は結果には結びつきません。たとえば、このプログラムを、1つは、九州の田舎の大学

に設置し、もう1つを東京の大学に設置したとします。この2つの同じプログラムは、2つの大学で私たちが期待したとおりの結果をもたらすでしょうか。残念ながら、そうはなりません。というのも、英語教育プログラムの「効力」は、第2章、第6節の3でも述べたように、その判断基準である「外部環境・価値観との緊密性」に大きく影響されるからです。つまり、英語教育プログラムは、取り巻く環境のプログラムへの関わりを考慮して、カリキュラム構造、組織構造、教授法、教材などを決定することで初めて、本来のプログラムの効力（達成能力）を発揮することができるのです。

このようにして、英語教育のプログラム化が実現できれば、皆さんのプログラムを取り巻く環境に合った、効力を持った独自の英語教育プログラムの組織化が可能になります。スタッフルビームは、環境の影響下でのプログラムの実際の達成能力をワース（worth）と呼び、それは「その物質（プログラム［筆者註］）の付帯的な価値」のことであると説明しています。

プログラムに影響を与える環境といっても、環境にはいろいろな側面がありますし、プログラムが直面している問題によっても、その捉え方が変わるのではないかと考えます。そこで、「取り巻く環境」を分析するとき、注意を払わなければいけない側面を、第2節で取り上げます。

本題に入る前に、文脈の混乱を避けるために、つぎの点に触れておきたいと思います。それは、プログラムを取り巻く環境といっても、英語教育プログラムという組織と、それを抱え込む学部・大学組織と、厳密には分離して捉えられないという点です。例えば、英語教育プログラムでのアクターである教員、学生は、同時に、学部・大学組織のアクターでもあります。

また、図3-1に示したように、英語教育プログラムを取り巻く環境は、学部・大学組織を取り巻いている、さらに大きな環境の一部でもあります。たとえば、高等教育改革の影響、同窓会からの期待、企業からの期待・要請などです。これらの外部環境は、英語教育プログラムの効力の「公の目的」という判断基準（第2章6. 参照）に影響することは言うまでもありません。

2. 環境の把握

英語教育プログラムの効力（達成能力）を決定づける環境は、どのような側面を持っているのでしょうか。図3-1に示したように、プログラムを取り巻く環境を静態的側面と動態的側面に分類しました。動態的側面とは、過去の影響を受けた現在、そしてその延長線上の未来という具合に、時間の経過の中で捉えられる環境の側面です。一方静態的側面は、私のディレクターとしての経験から、とくに重要であると認められる現在に存在する環境の7つの側面を指します。つまり、①財的側面、④組織的側面、②施設の側面、③意思伝達の側面、⑤人材適応の側面、⑥政治的側面、⑦学生の側面です。この7つの状況把握は、英語教育プログラムと環境との関係を理解する上で欠かせない作業です。

環境の動態的側面については、第3節で説明することとし、この節では、環境の静態的側面を番号に沿って見ていきます。

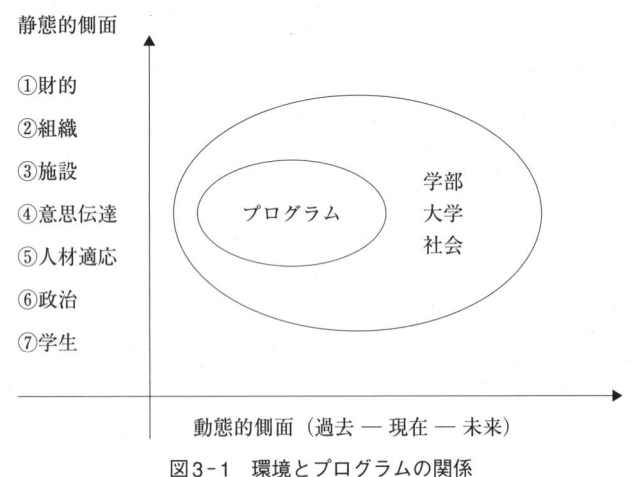

図3-1　環境とプログラムの関係

(1) 財的側面

財的基盤が、プログラムを運営する上で十分あるに越したことはありません。しかし、現実は、一般教養の英語教育の環境整備にどれだけの支出が可能なの

か、それほど期待できないのが実情ではないかと思います。問題は、どの程度の予算が適当であるか、あるいは、それだけの投資が、英語教育プログラムの教育力向上と期待する結果の達成に不可欠であるかということを、上層部に説得できるかということだと思います。

　教育プログラム運営に掛かる経費は大まかに分類すると、人件費、教材費、機器・備品などの購入費、修繕費などの維持費、検定関連の費用、コールシステム運営関連などの教育支援システム運営費、そのほか事務諸費です。行政部への予算申請の際は上記の分類で予算を申請します。

　しかし、プログラム開発を考えるとき、運営機能を含んだ開発機能を刺激するような運営費の使い方を考えてみるのも価値があります。たとえば、同じ維持費でも、「プログラム維持のための費用」、「教員の士気向上と維持のための費用」、「施設維持と改善のための費用」、「学生の士気向上と維持のための費用」という分類で運用する方法も考えられるのではないでしょうか。

　この点から見ると、示した予算額は、必要不可欠な金額である点を訴えることも必要だと思います。その際、テーブルの上に提出した予算案は、あくまでも毎年提出しているフォーマット形式で作成されたものですが、「例年のように」という決定の仕方は避け、より一層の理解を得て、1円でも有効利用する意思を示すことも大切です。

(2) 組織的側面（意思決定過程と時間の確保）

　カリキュラム、使用している教材、教員の配置などは、毎日の活動の中で見慣れたものなので、つい「知っている」、「わかっている」という言葉で片付けてしまいがちですが、「どこで何が決められているのだろうか」、「誰がどんなことを決めているのだろうか」と改めて考えると、答えられないことがあります。

　どうしてでしょうか。確かに「私たちは知る努力をしていなかった」という点は反省すべきでしょうが、それ以上に、組織全体の意思決定の過程が透明性を欠いていることが問題な場合があります。もし、透明性を欠いているようでしたら、英語教育の運営に関わる部分だけでも、意思決定の過程を押さえておく必要があります。また、英語教育プログラム内の組織構成、意思決定過程は

どのようになっているか確認することも必要でしょう。

　つぎに、教員が教育、研究、実務に携わる時間の割合は、どうなっているのか把握することです。これは、プログラム開発に打ち込める時間を捻出するために必要な作業です。専任教員は、普通、教育活動、研究活動、学生の指導、大学行政への貢献、地域社会への貢献、専門学会への貢献などがおもな仕事内容です。プログラム開発の過程では、かならず行政への関与やクラス外での学習指導の側面に重点が動きます。改善計画案作成から実行にかかる時間を予測するためにも、この点は無視できません。調査の結果、教員やスタッフの仕事が、思っていた以上に過密になっていることがわかった場合は、10ヶ月計画を12ヶ月計画に変更するなどの措置も必要かもしれません。

(3) 施設の側面

　学内で英語教育に使用している（使用できる）施設はどのようなものがあるでしょうか。これらの施設はどのように使用され、どの程度活用できているでしょうか。教室数、各教室の収容人数、ラボの総数、ラボや自習室の稼働率を把握する必要があります。また、どのようなテクノロジーが使用され、アクセスが可能かなど、インターネット、コンピュータ、DVD、ビデオテープ、ソフトウエアの状態も確認します。そのほか、図書館にある関連施設、教材収納庫、付属施設や機器についても把握する必要があります。

(4) 意思伝達の側面

　ここでは、教員の間のコミュニケーションが円滑に行える環境が存在しているか、教員と学生の間の意思疎通が円滑に行くような環境が整っているか、の2点について現状を把握します。

1) 教員の間のコミュニケーション
　①専任教員の間の円滑なコミュニケーション
　　専任教員の間で、どの程度頻繁にコミュニケーションの場が設けられているでしょうか。普段どの程度のインターアクションが教員の間にあるか

ということも、重要な観点であると思います。

②非常勤講師の間の円滑なコミュニケーション

　　非常勤教員の間でコミュニケーションを取る手段を、プログラムは提供できているかについて調べる必要があります。プログラム内で何が起きているか、何がなされようとしているかが、非常勤に伝わる可能性が高くなりますし、結果的に教員全員の士気の向上につながります。非常勤教員にとっても、専任の仕事を探すとき、このような経験は有利に働くでしょう。

③専任教員と非常勤教員の間の円滑なコミュニケーション

　　非常勤教員と専任教員が定期的に顔を合わせる機会が、どのくらいあるでしょうか。非常勤教員の抱えている問題やプログラムに対する不満などを話し合える機会がどのくらいあるでしょうか。専門的意見や学生に関する情報の交換、プログラムの運営方針が確認できる機会がどのくらいあるでしょうか。今後、非常勤教員の受けもつ講座数の、プログラム全体の講座数に占める割合が、さらに高くなることを考えると、非常勤教員がどのような形でプログラム改善に関わるかということは重要な課題だといえます。

2) 教員と学生のコミュニケーション

　施設内のレイアウトは、教員と学生との円滑なコミュニケーションに役立っているでしょうか。最も優れているコミュニケーションは、毎日の教育作用の中で無理なくおこなえるコミュニケーションであると思います。では、その方法とは何か。それは行動様式のコントロールです。

　学生が入りやすい研究室の位置、ビル内の研究室の位置、研究室内の机や椅子の位置、オフィス内のカウンターやソファの位置は、そこに働く人達の毎日の行動様式を決定します。スタッフが入れ替わり集まるところに置かれていたコーヒーポットを、人が通らないところに持って行くと、スタッフが集まり会話する光景は見られなくなります。談話室や学習室も同じことが言えます。学生が頻繁に通路として利用している廊下や、学生が頻繁に出入りするビルに学生と教員の談話室や学習室があるでしょうか。

(5) 人材適応の側面

　教員やスタッフのプロフェッショナルとしての教授能力、事務能力、指導力、協働できる能力、さらに、彼らの教育観や学生観を把握します。つまり、個人の利益を超え、どの程度プログラムの哲学や原理に沿ってリーダーシップを発揮してくれるかを分析します。

　この観点から教員の質を捉えれば、プログラムに必要な教員はどのような学歴が要求されるべきか、どのような研究分野の業績を持った者であるべきか、どの程度の研究業績が要求されればよいか、また、教員年数だけでなく、どのような授業をおこなってきたかも判断の対象になるはずです。つまり教員やスタッフが、プロフェッショナルとしてどのような能力を持っているか、的確に把握するということです。

(6) 政治的側面

　組織である以上、そこには、力関係が存在します。この力関係にどう向き合ってよいか戸惑う教員は多いのではないでしょうか。しかし、1つ言えることは、この力関係を無視しては、何も達成できないということです。力関係が、グループによる力関係なのか、個人による力関係なのか把握する必要はありますが、さらに重要なのは、彼らが英語教育に対して、どのような立場を取っているか把握することです。

(7) 学生の側面

　最後に、英語教育プログラムにとって、最も重要な受益者である学生についてです。当然ながら、学生の英語能力がどの程度なのかということが重要です。しかし、そのほかにも、学生の英語教育への期待、学生の英語学習に取り組む姿勢、教員に対する印象、施設に対する満足度などを把握する必要があります。

3. 歴史的背景を学ぶ

　話を環境の動態的側面に移しましょう。英語教育プログラムの現在、そして未来のプログラムの姿を予想するためにも、過去を探るという作業が不可欠です。どのような組織も経験によって培われた部分が多いので、組織の歴史を知ることで、成功・失敗の原因が把握できるかもしれません。

　行政部のトップやプログラムの指導者の交代は、ときとして新しいことを行うことに極端に目を奪われ、プログラムが持っている過去からの遺産を無視する傾向があります。ときには過去の遺産を完全否定する場合もあるかもしれません。もし、このようなことが起きればプログラムはその機能を失うでしょうし、存在意義までも失いかねません。プログラムも組織と同様、継続されてこそ、その効果が認識されると思います。

　そのためには、無視されがちな過去の遺産を認め、どのように継続するかが鍵になります。まず、プログラムの目標と現実のプログラムの機能とのギャップを分析します。そして、そのギャップを埋めるために必要な要素は何か把握します。過去からの遺産の中に、ギャップを埋める要素を見つけた場合、それを活用します。過去の遺産の中に見つからなかった場合は、新に創り出す必要があります。この創造に、新しい行政部のトップやプログラムの新しい指導者はエネルギーを投入し、洞察力を駆使し、リーダーシップを発揮すべきであると考えます。

まとめ

　第3章では、英語教育プログラムを取り巻く環境について考察しました。まず、プログラム評価の分野で使われている「メリット」と「ワース」の概念を手がかりに、プログラム効力に関る環境の重要性を確認しました。第2節では、プログラムを取り巻く環境を静態的側面から考察しました。環境の静態的側面

について、ディレクターとしての経験から最も重要であると考えられる「プログラムを取り巻く環境」の7つの側面（財的側面、組織的側面、施設の側面、意思伝達の側面、人材適応の側面、政治的側面、学生の側面）について考察しました。最後に、環境の動態的側面の一部、歴史的視点による環境把握について考察しました。動態的側面は、過去の影響を受けた現在、そしてその延長線上の未来という具合に、時間の経過の中で捉えられる環境の側面です。

　過去は現在と未来の指針であるという意味で、英語教育プログラムの歴史を分析することは、重要な意味を持ちます。第4章では、プログラムの効力と教育力の評価について考えて見ましょう。

第4章

英語教育プログラムの評価方法

　ある年の教育の学会で、英語教育プログラムの評価について実践報告をすることになりました。部会での発表も終わり、質疑応答に入ったとき、ひとりの会員の方から、どのように学生の達成を測るのかという質問をいただきました。プログラムの効力の観点からすると、学生の達成は、必ずしもテスト結果やクラスの成績によって定まらないところがあります。この点は誰もが知りたい点であることはわかっていましたが、説明するには時間がたらなかったので、その会員の方には、次回ご説明するということで回答をすませてしまいました。しかし、その後機会がなく今に至っています。
　この章では、プログラムの効力の基準とプログラムを取り巻く環境との関係から学生の達成の測定について考察し、この会員の方の質問にお答えしたいと思います。第1節では、第2章と第3章で考察した、プログラムの効力、プログラムを取り巻く環境と学生の英語能力の関係を整理します。第2節では、それぞれの基準に対して、プログラムが提供できる手段（アプローチ）と評価の方法との関係を、第3節では、教員、学生、スタッフ、外部者によるプログラムの効力を評価する質問項目について考察します。

1. プログラムの効力と教育力の関係

　第2章で、プログラムの効力と学生全体の英語能力との関係について考察し、第3章では、プログラムを取り巻く環境について考察しました。図4-1は、2つ

の章で考察した「効力」、「環境」、「英語能力」の関係を説明しています。この図は、学生全体の「英語能力」を向上できるプログラムの能力が「効力」であり、その「効力」はプログラムを取り巻く環境によって影響されることを示しています。さらに、プログラムの環境を決定する要因には、「学生の側面」である動機、学力、目的などが含まれていることは見逃せない点です。ですから、プログラムの効力を最大限に発揮するには、環境の影響を踏まえて効力の基準設定ができるかどうかにかかっています。「その基準を、どの程度満たしたか」、そして、その充足度が「学生の英語能力をどの程度向上させたか」がプログラムの評価につながります。

```
┌─────────────────────┐      ┌─────────────────────┐
│ プログラム効力の基準 │      │ プログラムの環境    │
│ ○公の目的           │      │ ①財的側面           │
│ ○実際の運用上の目的 │◄─────│ ②組織的側面         │
│ ○運営機能           │      │   （意思決定過程）  │
│ ○教員／学生と教育効果│      │ ③施設面             │
│   との関係          │      │ ④意思伝達の側面     │
│ ○外部環境・価値観との│◄─────│ ⑤人材適応の側面     │
│   緊密化            │      │ ⑥政治的側面（力関係）│
└─────────────────────┘      │ ⑦学生の側面         │
        │    │                │ ⑧歴史的側面         │
        ▼    ▼                └─────────────────────┘
   ┌──────────────────┐
   │ 学生全体の英語能力│
   └──────────────────┘
```

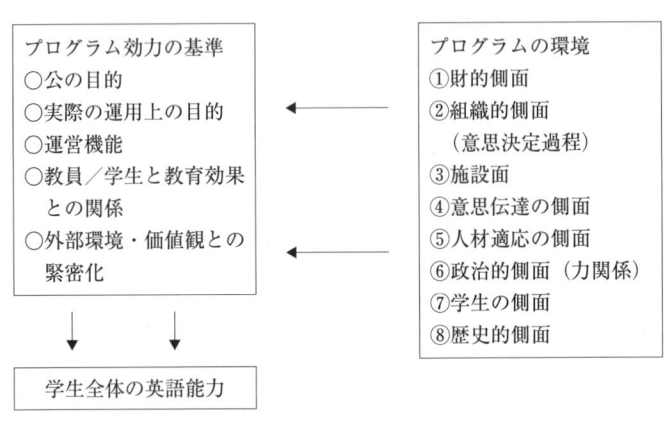

図4-1　環境とプログラムの関係

　そこで、第2章5節「プログラムの効力」で提示した「効力の判断基準」に「学生全体の英語能力」を加え、下にまとめました。これが、英語教育プログラムの効力を知るための判断基準ということになります。下記の判断基準を活用しながら、英語教育プログラムの在り方を検証し前進することで、環境の変化、学生の英語能力の多様化に臨機応変に対応できると考えます。
　英語教育プログラムの効力を判断する基準を6つのカテゴリーにまとめました。環境の違いや英語教育プログラムの違いによって、新たな項目を追加すること、あるいは、削除することもあると思います。この意味で、カテゴリーⅥの判断基準は、皆さんの自由裁量に任されています。カテゴリーⅥに記した判

断基準は、本書で扱っている英語教育プログラムのものです。

カテゴリーⅠ：公の目的（ゴール）（1－8）
1．プログラムの使命・目標が明確である。 2．教員、スタッフ、ディレクターの期待される行動が明確である。 3．教員、学生、スタッフ、ディレクターの期待される能力が明確である。 4．公の意思決定手続きが明確である。 5．実行する上での方針が明確である。 6．カリキュラムが適切である。（各講座・コースについて） 7．授業、講座（コース）間の関連性は明確である。 8．教材・教科書は適切である。
カテゴリーⅡ：運用上の目的（9－12）
9．教員、学生、スタッフ、ディレクターは課題を達成している。 10．教員、学生、スタッフ、ディレクターの間のコミュニケーションが、円滑に行われている。 11．教員、学生、スタッフ、ディレクターに、行動・気持ちの上で調和が、取れている。 12．適切な予算、施設、教員（数・質）が確保されている。
カテゴリーⅢ：運営機能（13－16）
13．教員全員が参加できる思決定過程が機能している。 14．クラス、講座（コース）、プログラムが機能している。 15．適切な雇用がなされている。 16．事務上の手続きは、明確で迅速である。
カテゴリーⅣ：教員／学生と教育の結果との関係（17－20）
17．プログラムで教育／学習していることに誇りを感じる。 18．教育・学習意欲が高い。 19．教員、スタッフ、ディレクターは、職務に献身的である。 20．教育／学習に自信を持っている。
カテゴリーⅤ：外部環境・価値観との緊密性（21－23）
21．学部・大学の使命・目標と英語教育プログラムの使命との関連が明確である。 22．学部・大学は適切な施設を持っている。 23．短期、中期、長期の明確な計画を持っている。
カテゴリーⅥ：学生全体の英語能力（24－27）
24．言語運用能力が向上する。 25．コミュニケーション（意思疎通）に必要な異文化理解の能力が向上する。 26．プロダクティヴ・スキルズ（speaking／writing）が向上する。 27．学生各自に合った学習方法を確立する。

2. 基準へのアプローチと評価方法との関係

「プログラムの効力がどの程度発揮されているか」を知るには、どうすればよいでしょうか。それを知るためには、27項目それぞれの判断基準に、プログラムとして、どのような手段（アプローチ）を取ればよいかを考える必要があります。各判断基準に対して、私たちの英語教育プログラムが提供できるアプローチを表4-1にまとめました。ここで示したアプローチ以外にも手段はあると思います。皆さんのプログラムの現状に合わせて柔軟に想像してみてください。

各アプローチに対して、どのような評価方法が可能なのでしょうか。ここで注意しなければならない点は、プログラム効力を評価する場合、学生の英語力の測定結果だけでなく、少なくとも、教員、スタッフ、学生、プログラム外部の者（教授陣や執行部など）の、プログラムに対する視点や意見、イメージも重要な評価の対象になるということです。判断基準に基づいて、プログラムの効力を評価する方法として、①全体評価、②自己評価、③相互評価、④授業評価、⑤試験結果の5つが考えられます。表4-1には、教員、学生、スタッフ、外部者の欄に使用する評価方法をリストしてみました。このほかにもより詳細な方法が見つかるかもしれません。いずれにしろ、できるだけ、財源、時間、エネルギーを有効に、そして効率的に使える評価方法を採用してください。

全体評価については、アンケート調査や面接法を用い、プログラム全体の状況についての情報を入手します。相互評価は、たとえば、教員集団がディレクターに、スタッフ集団が教員集団に、ディレクターが教員集団に、期待したリーダーシップや役割を果たしているか、お互いの集団の意見を集約します。また、副ディレクターを置いている場合、ディレクターに対してではなく、ディレクター集団に対する評価ということになるでしょう。

さらに、授業評価も用います。授業評価は、各講座の教員の取り組みと学生との関係を扱っていますが、一部の項目はプログラム評価に活用できると思われます。

最後に、試験結果の活用についてです。プログラム評価の場合、試験結果の活用は、各講座の一学期間の伸び、各学年の伸び、各スキルの伸びを全体的に把握することを主眼とします。この場合、「試験の種類」や「試験で測定できる能力の限界」を前もって把握しておくことも重要な点です。

どの判断基準を採用するかについては、第Ⅱ部で考察します。第Ⅲ部で、判断基準を測定する手段（アプローチ）、プログラム組織に取り入れる方法、改善策を事例にそって説明します。

3. プログラム評価に使われる質問項目の例

前節では、各判断基準に沿ってプログラムの効力を探るために、プログラムが提供できる可能な手段・アプローチを考察しました。さらに、教員、学生、スタッフ、外部者に対してどのような評価方法が可能か考えてみました。

では、どのように、教員・学生・スタッフ・外部者に尋ねれば、プログラムが提供できる手段・アプローチが妥当かどうか知ることができるのでしょうか。これは、プログラムの手段・アプローチの妥当性を判断することによって、各判断基準のプログラムへの影響、つまり「プログラムの効力」を把握しようとするものです。

教員、学生、スタッフ、外部者のプログラムへの関わりは必ずしも同じではありません。当然、プログラム効力の判断基準である27項目のうち、使用する項目が異なる場合もあります。また、同じアプローチについて尋ねる場合でも、質問の仕方、評価方法（アンケート、インタビューなど）が異なる場合もあるかもしれません。

教員、学生、スタッフ、外部者に対して作成した質問項目を表4-2から表4-5に示してみました。各質問にはカテゴリーの通し番号がふってありますので、表4-1を参照しながら、活用してください。建設的意見の集約が最も大切である点を考慮すれば、外部に対する評価（表4-4）の依頼は、英語教育プログラムの実践がある程度学内・外で認知されたことを確認した上で、行うほうがよ

48　第Ⅰ部　英語教育プログラムをどう捉えるか

表 4-1　プログラム効力の判断基準測定の手段と方法

カテゴリー	判断基準項目 *責任者＝ディレクター	プログラムが提供できる基準測定手段（アプローチ）	意見・評価を求める方法			
			教員	スタッフ	学生	外部者
カテゴリーⅠ（公の目的）	1. プログラムの使命・目標が明確	わかり易く明文化する	アンケート	アンケート	アンケート	アンケート
	2. 教員・スタッフ・責任者の期待されている行動が明確 *	わかり易く明文化する	アンケート	アンケート	アンケート	アンケート
	3. 教員・スタッフ・責任者の期待されている能力が明確	わかり易く明文化する	アンケート	アンケート	アンケート	────
	4. 公の意思決定手続きが明確	わかり易く明文化する	アンケート	アンケート	────	────
	5. 実行する上での方針が明確	わかり易く明文化する	アンケート	アンケート	アンケート	アンケート
カテゴリーⅡ（運用上の目的）	6. カリキュラムが適切（各講座）	プログラムのシラバス を準備	アンケート	アンケート	授業評価	アンケート
	7. 講座（コース）間の関連が適切	プログラムの概要を記したパンフを準備	アンケート	アンケート	アンケート	アンケート
	8. 教材・教科書が適切	教材・教科書など選択する手続きを確立	アンケート	アンケート	授業評価	────
	9. 教員・スタッフ・責任者は課題を達成	課題への取り組み、達成について調査	アンケート	アンケート	授業評価	────
	10. 教員・学生・スタッフ・責任者の間の意思疎通が円滑	組織運営を円滑にすることで意思疎通	相互評価	相互評価	アンケート	────
	11. 教員・学生・スタッフ・責任者の間で行動・気持ちの調和	衝突、敵対関係を解消	相互評価	アンケート	アンケート	────
カテゴリーⅢ（運営機能）	12. 財政、施設、教員（数・質）が適正を確保	必要な教員数、予算確保と施設維持	アンケート	アンケート	────	アンケート
	13. 教員全員が参加できる意思決定の機能を持っている	プログラム内の意思決定過程を明文化する	自己評価	アンケート	────	────
	14. クラス、講座（コース）、プログラムが機能	わかり易く明文化する	アンケート	アンケート	アンケート	アンケート
	15. 適切な雇用	わかり易く明文化する	アンケート	アンケート	アンケート	アンケート
	16. 事務上の手続きが明確で迅速	連絡、報告、文書作成などの効率化	アンケート	アンケート	アンケート	アンケート

第4章 英語教育プログラムの評価方法　49

カテゴリー	No.	項目	ねらい	方法1	方法2	方法3	方法4	方法5	方法6
カテゴリーIV 教育結果（環境と着性）	17.	このプログラムで教育・学習していることに対する誇り	意思決定過程への参加と協働	アンケート	アンケート	アンケート	アンケート	アンケート	アンケート
	18.	教育／学習意欲が旺盛	教育意欲、学習意欲を妨げるものが何か探る	アンケート	―	インタビュー	―	アンケート	―
	19.	教員・責任者は職務に献身的	仕事・活動をする上で妨げとなっているものを探る	―	インタビュー	インタビュー	アンケート	アンケート	アンケート
	20.	教育／学習に自信	ポジティブな教育・学習結果を認める	自己評価	自己評価	―	自己評価	―	―
カテゴリーV 関連性（学生と教員との関連）	21.	学部・大学の使命・目標とプログラムの使命・目標との関連	関連性をわかり易く明文化する	アンケート	アンケート	アンケート	アンケート	アンケート	アンケート
	22.	学部・大学は適切な施設を保持	学部・大学施設の使用状況を調査し把握する	インタビュー	インタビュー	インタビュー	―	―	インタビュー
	23.	短期、中期、長期の明確な計画	短・中・長期計画を立案し実施する	自己評価	自己評価	自己評価	―	アンケート	―
カテゴリーVI 英語能力（学生全体の）	24.	言語運用能力が向上	プログラムの目的・目標・期待を伝達	試験結果	―	自己評価	自己評価	アンケート	アンケート
	25.	コミュニケーションに必要な異文化理解が向上	教材・教科書など選択する手続きを確立する	試験結果	―	自己評価	自己評価	アンケート	アンケート
	26.	プロダクティヴ・スキルズ（speaking/writing）が向上・達成	プロダクティヴ・スキルズの向上をモニターする	試験結果	―	自己評価	自己評価	自己評価	アンケート
	27.	学生各自に合った学習方法を確立	学生に英語の学習方法の改善を促す	自己評価	自己評価	自己評価	―	自己評価	アンケート

表4-2 教員に対する評価方法と質問

評価方法	カテ番号	判断基準項目に関する質問（＊責任者＝ディレクター）
アンケート	I-1	プログラムの使命・目標はわかりやすく明確である。
	I-2	教員、スタッフ、責任者の期待される行動は、わかりやすく明確である。＊
	I-3	教員、スタッフ、責任者の期待される能力は、わかりやすく明確である。
	I-4	プログラム内の意思決定手続きは、わかりやすく明確である。
	I-5	実行する上での方針は、わかりやすく明確である。
	I-6	各講座（コース）の目的、目標、内容は、わかりやすく明確である。
	I-7	講座（コース）間の関連がはっきりしている。
	I-8	各講座の教材・教科書は、講座内容と合致している。
	II-9	教員、学生、スタッフ、責任者は課題を十分に達成している。
	II-10	教員、学生、スタッフ、責任者の間の意思疎通はうまくいっている。
	II-12	必要な教員数、予算の確保と施設維持ができている。
	III-14	クラス、講座（コース）、プログラムがうまく機能している。
	III-15	適切な雇用がなされている。
	III-16	事務手続きの流れは明確で、書類処理も迅速に行われている。
	IV-17	このプログラムで教鞭をとっていることに誇りを持っている。
	IV-18	このプログラムで教鞭をとっていると、教育に意欲がわいてくる。
	V-21	学部・大学の使命・目標とプログラムの使命・目標との関連がはっきりしている。
自己評価	III-13	プログラム内の意思決定プロセスに参加し、その決定に貢献した。
	IV-20	教育に自信をもつことができるような結果を得ている。
	V-23	短期、中期、長期計画に沿って、自分の役割や責任を果たしている。
	VI-27	学生各自が、自分に合った学習方法を確立できるように指導している。
インタビュ	IV-19	職務遂行上、妨げとなっているものがありますか。あるとするとそれは何ですか。
	V-22	学部・大学の施設は、適切な教育を提供できると思われますか。
相互評価	II-11	教員・スタッフはお互いの衝突や批判を解消し、協働が成り立つよう努力している。
試験結果	VI-24	学生の言語運用能力の向上に貢献している。
	VI-25	学生の、英語コミュニケーションに必要な異文化理解の向上に貢献している。
	VI-26	学生のプロダクティヴ・スキルズ（speaking/writing）の向上に貢献している。

注）カテ番号は、表4-1中のカテゴリーと通し番号を示す

表4-3　学生に対する評価方法と質問

評価方法	カテ番号	判断基準項目に関する質問（＊責任者＝ディレクター）
アンケート	I-1	プログラムの使命・目標はわかりやすく明確である。
	I-2	教員、スタッフ、責任者の期待される行動は、わかりやすく明確である。＊
	I-3	教員、スタッフ、責任者の期待される能力は、わかりやすく明確である。
	I-7	講座（コース）間の関連がはっきりしている。
	II-9	プログラムは、学習環境を整えるために、問題解決に真剣に取り組んでいる。
	II-10	教員・スタッフは、学生とコミュニケーションをうまく取っている。
	II-11	教員たちは、お互いの衝突や批判を解消し、協力して教育、指導に当っている。
	III-14	クラス、講座（コース）、プログラムがうまく機能している。
	III-15	このプログラムに合った教員が雇われている。
	IV-17	このプログラムで勉学することに誇りを持っている。
	IV-18	このプログラムで勉学していると、学習意欲がわいてくる。
	IV-19	教員やスタッフは、教育やそのほかの職務を献身的に果している。
	V-21	学部・大学の使命・目標とプログラムの使命・目標との関連がはっきりしている。
自己評価	IV-20	勉学に自信がついてきた。
	VI-24	英語の運用能力が向上している。
	VI-25	英語コミュニケーションに必要な異文化理解が身についてきている。
	VI-26	プロダクティヴ・スキルズ（speaking/writing）は向上している。
	VI-27	自分に合った学習方法が身についてきている。
授業評価	I-6	各講座（コース）の目的、目標、内容は、わかりやすく明確である。
	I-8	各講座の教材・教科書は、講座内容と合致している。

注）カテ番号は、表4-1中のカテゴリーと通し番号を示す

表4-4　スタッフに対する評価方法と質問

評価方法	カテ番号	判断基準項目に関する質問（＊責任者＝ディレクター）
アンケート	I-1	プログラムの使命・目標はわかりやすく明確である。
	I-2	教員、スタッフ、責任者の期待される行動は、わかりやすく明確である。＊
	I-3	教員、スタッフ、責任者の期待される能力は、わかりやすく明確である。
	I-4	プログラム内の意思決定手続きは、わかりやすく明確である。
	I-5	実行する上での方針は、わかりやすく明確である。
	I-6	各講座（コース）の目的、目標、内容は、わかりやすく明確である。
	I-7	講座（コース）間の関連がはっきりしている。
	I-8	各講座の教材・教科書は、講座内容と合致している。
	II-12	必要な教員数、予算の確保と施設維持ができている。
	III-13	実際に物事を進めて行く際、あらかじめ決められた手順に則って、適切に決めている。
	III-14	クラス、講座（コース）、プログラムがうまく機能している。
	III-15	適切な雇用がなされている。
	III-16	事務手続きの流れは明確で、書類処理も迅速におこなわれている。
	IV-17	教員は、このプログラムで教鞭をとっていることに誇りを持っている。
	V-21	学部・大学の使命・目標とプログラムの使命・目標との関連がはっきりしている。
自己評価	V-23	短期、中期、長期計画に沿って、自分の役割や責任を果たしている。
	II-9	教員、学生、責任者がそれぞれの課題を達成できるよう行動している。
	II-10	教員、学生、責任者の間の意思疎通が図れるよう行動している。
	VI-27	学生各自が、自分に合った学習方法を確立できるように支援している。
インタビュ	IV-19	職務遂行上、妨げとなっているものがありますか。あるとするとそれは何ですか。
	V-22	学部・大学の施設は、適切な教育を提供できると思われますか。
相互評価	II-11	教員・スタッフはお互いの衝突や批判を解消し、協働が成り立つよう努力している。

注）カテ番号は、表4-1中のカテゴリーと通し番号を示す

表4-5 外部者（教授陣・執行部）に対する評価方法と質問

評価方法	カテ番号	判断基準項目に関する質問（＊責任者＝ディレクター）
アンケート	I-1	プログラムの使命・目標はわかりやすく明確である。
	I-2	教員、スタッフ、責任者の期待される行動は、わかりやすく明確である。＊
	I-3	教員、スタッフ、責任者の期待される能力は、わかりやすく明確である。
	I-6	各講座（コース）の目的、目標、内容は、わかりやすく明確である。
	I-7	講座（コース）間の関連がはっきりしている。
	II-12	必要な教員数、予算の確保と施設維持ができている。
	III-14	クラス、講座（コース）、プログラムがうまく機能している。
	III-15	適切な雇用がなされている。
	IV-17	教員は、このプログラムで教鞭をとっていることに誇りを持っている。
	IV-19	英語教育プログラムでは、教員が協力し合い運営にあたっている。
	V-21	学部・大学の使命・目標とプログラムの使命・目標との関連がはっきりしている。
	V-23	英語教育プログラムは、短期、中期、長期計画を立て、将来を見据えて運営されている。
	VI-24	学生の言語運用能力の向上に貢献している。
	VI-25	学生の、英語コミュニケーションに必要な異文化理解の向上に貢献している。
	VI-26	学生のプロダクティヴ・スキルズ（speaking/writing）の向上に貢献している。
	VI-27	学生各自が、自分に合った学習方法を確立できるように指導している。
インタビュ	V-22	学部・大学は教育に適切な施設を持っていますか。その活用についてどう思われますか。

注）カテ番号は、表4-1中のカテゴリーと通し番号を示す

いと思われます。ここであげた質問項目は、1つの事例です。ほかにも質問の仕方はあると思いますので、皆さんのプログラムに合った質問を準備してみてください。

まとめ

　この章では、まず、第2章と第3章で考察した、プログラムの効力、プログラムを取り巻く環境と学生の英語能力の関係を整理し、学生の英語力の位置づけを確認しました。続いて、それぞれの判断基準に対して、プログラムが提供できる手段（アプローチ）と評価の方法について考察しました。英語教育プログラムが取ることができる手段は一様ではないので、皆さんのプログラムに合わせて独自に準備することもできます。さらに、もう一歩踏み込み、第3節では、英語教育プログラムの効力を判断するために、教員、学生、スタッフ、外部者に対して、どのような質問項目を準備すればよいか、本書の事例で扱っているプログラムに合わせて考案してみました。
　次章では、改善の計画立案から実行までのプランニングについて考察します。

第5章

プランニング

　この章では、英語教育プログラムを改善に導くための戦略的計画を考えてみます。当然ながら、このプランニングは、プログラムを成功に導くために行うわけですが、これはプログラムで学ぶすべての学生に適切なサービスを提供することを意味します。同時に、プログラムが、大学の英語教育を取り巻く経済的、社会的ニーズの変化に適応することでもあります。また、実行過程では、ディレクターが重要な責任を負うことになります。

　プランニングには、つぎのような特徴があります。

- 具体的な「目標」を設定しそれに焦点を当てるので、誰が何をするかという役割や、役割に対して期待されることが見えやすくなり、共通認識をもつことができます。
- 未来の不確定要素や予測される問題を減らすことにもつながります。
- もともと限られている資源（財源、人材、施設、教材）を最大限に活用する方策を探るわけですから、英語教育プログラムの効率や効力の向上を目指すことになります。
- 意思決定や判断基準（第4章：表4-1の中の「プログラムが提供できる基準測定手段［アプローチ］」）のガイドラインを準備することも可能です。
- さらなる改善を念頭に置いて、計画の実行や目標達成のモニタリングやコントロールが容易になります。

　プランニングする場合、下の6つの手順を踏むことになります。英語教育プログラム改善に向けた「プランニング」もこの6つの手順に沿って考えてみま

しょう。図5-1［プランニングのプロセス］に、この6つの手順と関連項目を図式化してみました。

手順1：問題の分析と把握
手順2：プログラムのヴィジョン、ミッションを再確認、または、創造する。
手順3：達成可能な目標や結果を設定する。
手順4：戦略を立案する。
手順5：実行する。
手順6：実行過程のモニタリングと達成結果を評価する。

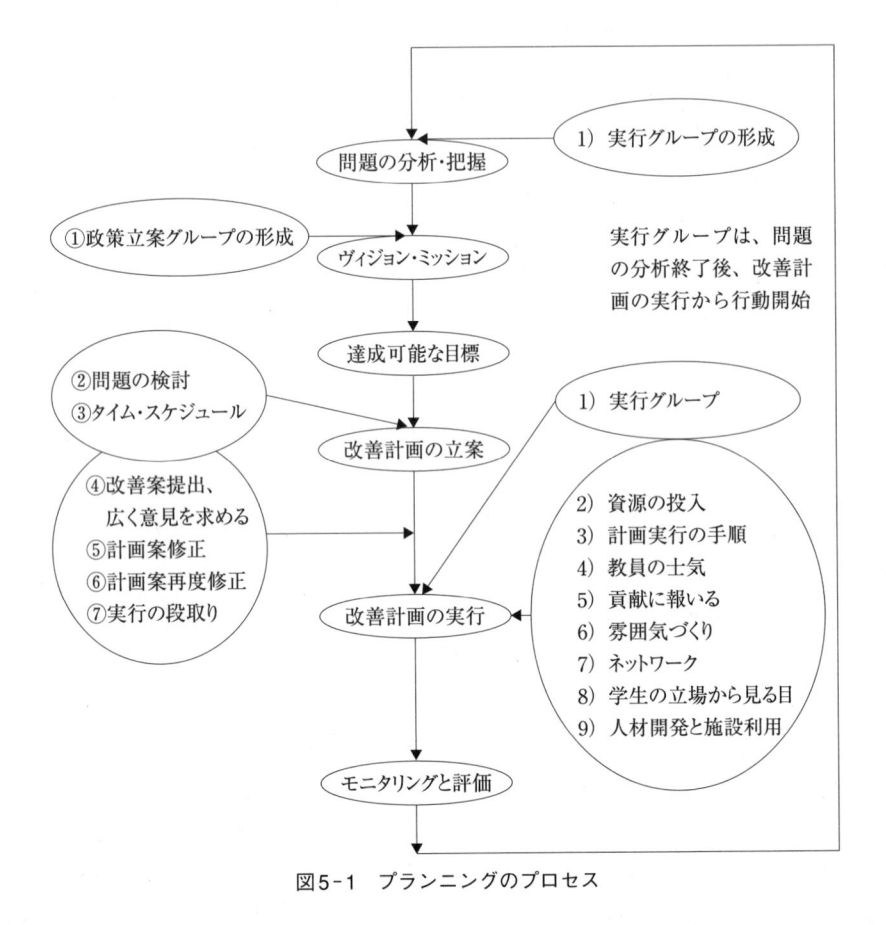

［図：プランニングのプロセス］

中央の流れ：
問題の分析・把握 → ヴィジョン・ミッション → 達成可能な目標 → 改善計画の立案 → 改善計画の実行 → モニタリングと評価

右上：1) 実行グループの形成
実行グループは、問題の分析終了後、改善計画の実行から行動開始

左側：①政策立案グループの形成

左側（問題の検討部分）：
②問題の検討
③タイム・スケジュール

左側（改善案部分）：
④改善案提出、広く意見を求める
⑤計画案修正
⑥計画案再度修正
⑦実行の段取り

右側（実行部分）：
1) 実行グループ
2) 資源の投入
3) 計画実行の手順
4) 教員の士気
5) 貢献に報いる
6) 雰囲気づくり
7) ネットワーク
8) 学生の立場から見る目
9) 人材開発と施設利用

図5-1　プランニングのプロセス

1. 問題の認識

手順1では、問題の分析と把握を行います。英語教育プログラムの現場では、毎日いろいろな問題の解決が求められます。ある問題は、構造的な問題かもしれません。ある問題は、経営に関わる問題かもしれません。また、ひょっとすると、カリキュラム上の不都合から起きる問題かもしれません。私たちが遭遇する問題は、予想以上に複雑な問題が多くあります。

そこで、問題究明のために、英語教育プログラムの教員で、小グループを組織し、実際にプログラムで何が起き、何が問題か調査します。具体的な取り組みについては、第7、8章で扱います。この小グループは、計画を実行する「実行グループ」（第4節参照）のメンバーと同じメンバーであることが望ましいと思います。

この段階から、「実行グループ」のメンバーが問題の認識と分析に従事することで、政策立案グループ（図5-1を参照）に、プログラムの現状に関わる詳細な資料を提供することができます。また、実行グループがこの段階で参加することは、計画が実行に移されたとき、迅速な行動が取れるのではないかと考えてのことです。

2.「ヴィジョン」と「ミッション」とは

この節では、手順2を見てみましょう。第2章の「教育プログラムの定義」のところでも述べましたが、「ヴィジョン」、「ミッション」を創造し、明文化することは、プログラムを支える人たち（教員、スタッフ、学生、外部者）が、改善に向けた共通認識をもつという意味で重要です。この節では、まず、ヴィジョンとミッションの定義、つぎにヴィジョンとミッションの捉え方、最後に、英語教育プログラムのヴィジョンとミッションの具体例について考察します。

(1) ヴィジョンとミッション

　日本語では、「ヴィジョン」は「未来像」、「ミッション」は「使命」と訳されます。ガマゲ・植山は、論文『現代の大学における戦略的リーダーシップ』の中で、「ヴィジョン」と「ミッション」という用語は、同じ意味合いで使われることがあるといっています。また、どちらも、学生、教員、スタッフ、行政部、教育機関の成果から利益を得る人々の心を捉えるような価値観で構成された内容であるといえます。ブライソンは、「ミッションは、組織の目的を表現したもので、ヴィジョンは、取り巻く環境や支持者との関わりの中で、組織が繁栄しているとき、その組織がどうみえるかを描写したものである」といっています。つまり、目的が達せられた時の、組織の状況を表現するものがヴィジョンだといえます。

(2) ヴィジョンとミッションの捉え方

　ミッションとヴィジョンについて、もう少し具体的に考えてみましょう。毎年、就職時期が近づくと、学生から「私の友人たちは、すでに就職したい会社や就きたい職種について話しているのに、私はまだ何をしたいのかよくわからない」という、卒業後の進路について相談を受けることが多くなります。そんなとき、学生には、2つのことを伝えるようにしています。つまり、あなた自身に与える「使命」として、「あなたは、将来どんなことをしたいのか」、そして、あなた自身の「未来像」として「あなたは、将来どうありたいのか」ということです。

　ある学生は、「いろいろ考えたのだけれど、将来何をしたいのかよくわからない」というのです。そこで、「5年先、10年先、自分はどうありたいのか」考えることを勧めました。数日後その学生が、私の研究室に再度現れ、「私は、3年間一人暮らしをして、それまで当たり前だと思っていた「家族と一緒にいる」ということが、自分にとって、とても大切なことがわかった。だから、地元に帰り家族と暮らし、家から通える職場を探したい」と自分の考えを伝えに来てくれました。これが、「自分はどうありたいか」という自問に対するこの学生が出した答えでした。この学生の「未来像」は、「家族と一緒に幸せに暮らす」と

いうもので、この学生の「使命」は、「家族との絆を確かめ育む」ことであるといえるでしょう。

　もうひとつの例をあげましょう。私の講座で出会った学生のひとりは、「将来どんなことをしたいのか」という質問に対して躊躇した様子で、「どうせ実現できない夢だから言っても仕方がない」と言い出しました。どうしてそう思うのか尋ねたところ、この学生は「将来の夢は、大手の旅行会社に入って、海外の旅行プランを立てたりツアーを組んだりするのが夢だったけれど、英語の成績も悪いし、目標とした大学にも入学できずにこの大学に来てしまった。だから、夢は実現できない」と、自分の気持ちを話してくれました。それから、夢を実現するためには、残された2年の間に何を準備し、何ができるかを話し合い、その計画を立て実行することになりました。

　その後、この学生は、目標であった大手旅行会社にめでたく入社することができました。この学生にとって「未来像」とは、海外旅行ツアー・コンダクターとして海外を渡り歩き活躍することでした。その夢の実現のために、自分に「使命」を課したわけです。その「使命」とは、「大手旅行会社へ就職する」ことでした。

　ミッションは、組織の使命や目的を表現し、ヴィジョンは、組織の未来像、あるべき姿を表しています。そして、ミッションとヴィジョンは、大学、学部という環境の違いによって異なるのです。

(3) 英語教育プログラムの場合

　英語教育プログラムの場合はどうでしょうか。英語教育プログラムの上部組織には、語学教育センター、学部組織、大学組織が存在しますから、これらの組織にも当然、「ミッション」ないし「ヴィジョン」が存在します。英語教育プログラムの「ミッション」ないし「ヴィジョン」は、上部組織の「ヴィジョン」や「ミッション」と価値観を共有することが大切です。本書で事例として扱ったプログラムの場合、英語教育プログラムの「ミッション」は、「プログラムでの学習を終了するまでに、すべての学生が、それぞれの英語能力に合った言語運用能力を獲得でき、異なる文化の中でもコミュニケーションができるように、

価値観や考え方の柔軟性を身につけることができるように、最大限の努力をする」などが考えられます。

　一方、「ヴィジョン」は、基本的に「こうありたい」とか「こうあるべき」といった未来像を表していますから、たとえば、「話す、聞く、書く、読む、のスキルを統合した教授法で、実践的訓練を主体にした授業がおこなわれる。実践的訓練では、文法知識と発音練習も重要な役割を担う。教員おのおのの長所を活かした配置がおこなわれるため、教員の能力を最大限発揮できる。学生の英語能力に合った学習方法や評価方法も確立され、学生や教員の意見を最大限反映した意思決定過程にもとづく組織運営がおこなわれる」という具合になります。

　「ミッション」と「ヴィジョン」は、表現する内容は、似た要素を含んでいますが、「ミッション」は組織の進むべき方向を示し、「ヴィジョン」は行き着いた先の「組織のあるべき姿」を表現しているといえます。戦略的プランニングをする場合、両方とも不可欠なものであることには違いはありません。

　手順2の最後は、「誰」が英語教育プログラムのヴィジョン、ミッションの創造に参画するかということです。図5-1の中では、政策立案グループがこの課題にあたります。この点は、政策決定の重要なポイントであると同時に、実行過程での意思決定にも大きく影響します。

3. 達成可能な目標や結果の設定

　手順3では、達成可能な目標（期待できる結果）をあらかじめ設定します。達成可能な目標や結果は、「ミッション」や「ヴィジョン」を具現化するものですから、当然「ミッション」や「ヴィジョン」から導き出すことになります。また、政策の一部でもありますから、学生全体に対するもの、また、教員集団全体に対するものでもあるべきです。前節で取り上げた英語教育プログラムの「ミッション」を例に考えてみましょう。

　プログラムの「ミッション」は、「プログラムでの学習を終了するまでに、す

べての学生が、それぞれの英語能力に合った言語運用能力を獲得でき、異なる文化の中でもコミュニケーションができるように、価値観や考え方の柔軟性を身につけることができるように、最大限の努力をする」というものです。すると、この「ミッション」達成のために、たとえばつぎの3つの達成可能な目標が考えられるかもしれません。

　目標1：学生各自の英語能力に合ったコミュニケーションができるようになる。
　目標2：学生全員が、何らかの形で異文化体験をする。
　目標3：英語教員の講座での英語使用頻度は、毎回70％を維持する。

　英語教育プログラムの目標は、あくまでも達成可能なものであるべきです。では、私たちが設定する目標が、達成可能かどうか知るためには、どうすればよいのでしょうか。目標の妥当性は、問題の認識（手順1）とプログラムの環境（第3章）から導き出すことができると思います。問題の認識については、第二部で詳しく説明します。

4. 改善計画の立案：7つのステップ

　つぎは、改善計画を作成する段階です。作成プロセスは、大まかに7つのステップを考えることができます。(1) 政策立案グループを作る。(2) 問題点を検討する。(3) タイム・スケジュールを作成する。(4) 改善案を提出し、広く意見を求める。(5) 計画案を修正する。(6) 再度修正案を提出し合意を得る。(7) 実行の段取りをする。(5) と (6) は、修正が完了するまで繰り返します。

(1) 政策立案グループを作る。ディレクターを中心に、英語教育について考え方を共有できる教員、上部組織や関連組織からの代表、非常勤講師の代表からなります。メンバー選出に当たってディレクターが注意しなければならない点は、仕事内容を十分説明した上で、本人の同意を得ることです。それから、非常勤講師の2, 3人に参加してもらうことは、小さなことのよ

うに思われるかもしれませんが、ほかの非常勤講師との意思疎通を図る上でも重要な点です。とくに、実行過程も終盤にさしかかったとき、非常勤講師の先生方の後押しはありがたいものです。

(2) 問題点を検討する。ここでの手順は、第1節で説明しました。あらかじめ実行グループによって調査・報告された問題点や課題を話し合い、解決策を検討します。その際、解決可能な部分、また、解決に向けて必要なサポートについても話し合います。

　ヴィジョンやミッションは、政策立案グループで話し合われることが適切かと思います。大学・学部のヴィジョンやミッションとの整合性、英語教育への期待度、期待されている具体的な教育結果など、把握することができます。

(3) タイム・スケジュールを作成する。(1) と (2) の結果を踏まえ、どれが、いつまでに解決可能か、解決策の優先順位を決めます。大学の年間のスケジュールや、大学行政組織の特質、大学改革や施設建設なども考慮し、現実的なタイム・スケジュールを準備します。

(4) 改善案を提出し、広く意見を求める。立案した計画を、教授会、上部組織、英語教育プログラム、関連組織（改善によって影響を受けると思われる組織）に提出し意見を求めます。プレゼンテーションをすることになるわけですが、その際、計画全体の説明とともに、議論になった点、未解決な部分も説明します。選択肢がある場合、それについても説明を要します。

(5) 計画案を修正する。彼らの意見を政策立案グループに持ち帰り、再度、解決策を検討し、優先順位などに修正があれば調整します。また、新たにわかった問題点、疑問点について議論し、必要とする箇所には修正を加えます。

(6) 再度、修正案を提出し合意を得ます。修正案を、教授会、上部組織、英語教育プログラム、関連組織に再度提出し、意見を求めます。問題が生じた場合は、(5) と (6) を繰り返します。状況によっては、なかなか合意に達しないものもあると思われます。このような問題箇所が、優先順位の低いものの中にある場合、全実行過程が時間との戦いになる場合もありますから、その項目を削除するのもひとつの方法ではないでしょうか。とくに、教授会、事務局トップの支持は、財源確保のためにも不可欠です。

(7) 実行の段取りをします。すべて調整が終了した戦略プランを、英語教育プログラムの専任、非常勤教員へ提示し、現在のプログラムにおける問題・課題、プランの内容、計画達成までにかかる時間、個人やグループの役割分担などを説明します。現在従事している仕事の上に、改善計画を実行することで、仕事の量が増すわけですから、教員への負担は避けられません。当然、不満も出てきます。むしろ、不満を漏らす者のほうが正常かもしれません。ですが、もし、改善を行わなければ、働き甲斐のある職場は遠のくばかりです。その辺の説得は、ディレクターの腕にかかっているといえます。裏を返せば、説得までして行うわけですから、それ相応の責任（responsibility）を、ディレクターは、背負うことになります。その意味でも、ディレクターに公的な権限（組織内で認められた権限）が必要なわけです。

　この節では、立案に向けた7つのステップを説明しました。つまり、英語教育プログラムの改善案を作成する過程に、より多くの意見を集約するにはどうすればよいかということです。しかし、現実は、なかなかこのようには行きません。状況によって、ステップの順序を変えたり、グループの構成員を変えたり、グループより個人で取り組まなければならない状況になります。この辺のところは、第Ⅲ部で扱います。

5. 計画の実行：9つの要素

　いよいよ改善計画の実行の段階に入ります。効率よく実行するために、注意を払わなければならない点がいくつかあります。英語教育の場合、大きく分けて9つの要素があるようです。つまり、①実行グループの形成、②資源の投入、③戦略プランの手順作成、④教員の士気、⑤教員の貢献に報いること、⑥雰囲気作り、⑦ネットワークの構築、⑧学生の立場から見る目、⑨継続的な人材開発と施設改善、の9つです。

(1) 実行グループ作り

　何よりも、プランを間違いなく実行するグループが必要です。どのような人に参加を求めればよいのでしょうか。私見ですが、最も必要とする人たちは、英語教育の専門家として優れて、改善の趣旨を共有でき、建設的意見を率直に言ってくれ、協働作業をいとわない人たちだと思います。そのような専任教員と非常勤数名で実行グループを組織します。

　なぜ、非常勤教員まで参加させなければならないのでしょうか。現場では非常勤教員がもつ講座数は、年々増加しています。私がディレクターをした英語教育プログラムでも半数以上の講座は、非常勤教員が教えており、彼らからのインプットなしには、プログラム全体を把握することが不可能な状態でした。また、専任の仕事を探している非常勤教員にとっても、このような実行グループに参加することは、実務経験を積むよいチャンスだと思います。

(2) 資源の投入

　つぎに重要な点は、必要なところに人材・資源を投入することです。本書で扱う例でいえば、実行に当たり、英語教員は、興味と専門性に従って、カリキュラム（講座内容の系統化を含む）、研修制度、モニタリング・システム、教科書作成、教科書査定システム、プロダクティヴ・スキルズの評価方法、テクノロジーの7つのグループに別れ、改善計画を実施することになりました。

その際、最も大変なのが、お金をどこから持ってくるかということでした。財源確保のためにも、大学・学部からの強力な支援が必要です。また、財団・公的機関から英語教育ないしプログラムの研究・開発のための資金を獲得することも1つの方法です。開発した教材を販売する方法もあるかと思います。

　財源が極端に制限されている場合は、どうすればよいでしょうか。全体のプランの実行に必要な時間を長期の計画に変更することで、課題達成を計画することも考慮に入れる必要があるかもしれません。資金集めにどのような方法を取るにしろ、事務局からのサポートは不可欠です。事務局、とくに課長レベルとは、計画立案の段階から計画内容や実施経過について情報を共有しておくとよいと思います。どちらにしても、ディレクターにとって、これは忍耐力の勝負だといえます。

(3) 計画実行の手順作成

　続いて、実行に関わるルールを作り手順を取り決め、実行プロセスがスムーズに前に進むようにします。ただ、ここで決定する事がらは、具体的な問題をターゲットにした戦略的計画の実行についてのものが中心です。

　改善計画の具体的課題に取り組む各小グループは、英語教育プログラムの専任・非常勤教員から構成されます。実行グループのメンバーは、リーダーとして各小グループに所属し活動します。実行グループの責任者（ディレクター）は、必要に応じて会合を開く権限を各小グループのリーダーに与えます。

　また、実行グループは、実行経過とその状況について月一回の英語教育プログラムの全体会議の場で報告をおこない、実行過程の修正、計画そのものの問題点について意見交換します。これは、実行グループのメンバーにとってとくに重要です。メンバーは、普段、各課題に分かれて活動しています。しかし、すべての課題はどこかで関連し合っています。全体会議で話し合うことで、同時進行している全過程に参加している者から、計画進行の状況を把握することができますし、予想される問題・障害を推測し、早めに対処することが可能になります。このような取り決め、ルール作りも、実行グループの責任者であるディレクターの役割です。

(4) 教員の士気

　実行過程が、1年、2年と長期化すると、当然、教員やスタッフへの負担が増します。ストレス・レベルも上がってしまうケースも出てくるかもしれません。彼らへの負担やストレスが上がった段階で対処するよりも、実行の初期段階から、教員・スタッフを励まし、やる気を起こしてもらう方策を取るほうが、実行の効率や効力の観点からも有益です。また、協働を旨とする教員・スタッフ・ディレクターにとっても、お互いを認め合う機会が生まれますから、コミュニケーションを取る有効な手段にもなると思います。

(5) 貢献に報いる

　では、どんな励ましが必要でしょうか。基本的考え方は、功労のあった者を認める方策を考案することです。私もそうですが、やはり、専門家として認められることが最も励みになるのではないでしょうか。これは外的動機づけに当たります。自己の達成・成長に満足することで励むというような内的動機による場合もありますが、それでも、専門家として認められることも嬉しいものだと思います。

　これは、外国人の多い英語教育プログラムでは、わかりやすい方法だと思います。もちろん、公正さをもって正当な評価をすることが大前提です。たとえば、方法として、改善計画の実行から得た経験を論文にする機会を準備すること、チャレンジしたいスキルを扱う講座を提供すること、調査研究や学会発表の金銭的支援をすることなどが考えられます。

(6) 雰囲気づくり

　つぎは、教員・スタッフの行動を改善に導くような組織の雰囲気を作り出すことです。現実には、教員から出された意見すべてが、改善計画やその実行に採用されるわけではありません。ですから、教員やスタッフが、採用されたアイデアや意見は、参加者全員の建設的な議論の結果であるという共通認識が持てるよう、ディレクターはリーダーシップを発揮する必要があります。

　また、会合以外の場所でも、専任、非常勤にかかわらず、自由に話し合える

雰囲気作りに心がけることが大切です。「私たちが、何かを変えているのだ」という熱気に似たものが飛び交うようになれば、彼ら自身による雰囲気作りが始まったと見ることができます。

　ともかく、いろいろな意見や批判が飛び交うようになることが大切です。

(7) ネットワークの構築

　実行グループや英語教育プログラム内のネットワークは、改善計画を実行に移していく過程で整ってきます。しかし、一方で、改善計画に何らかの利害を見ている、英語教育プログラムの外にいる人たちとのコミュニケーションは見逃される傾向にあります。私の見る限り、実行のプロセスで、士気が高まり、彼らを取り巻く雰囲気が活気を帯びてくると、英語教員たちの間のコミュニケーションは活発になります。伝達、議論、雑談する共通の中身ができたからです。こうなると、教員・スタッフから、意見や批判は十分すぎるほどあがってきますし、同時に、問題へは迅速に対応してくれます。

　しかし、外部者がプログラムをどう見ているかについては疎いように思われます。直接には関わっていないにしても、学長、学部長、学科長、各種センター長などの地位にいる人たちは、職務として、行政・政治的側面から、改善計画の実行経過や結果に注意を払っています。彼らとの間にネットワークを構築することは、改善計画の実行過程をうまく行かせるための必要条件だといえます。

(8) 学生の立場から見る目

　とはいうものの、根本的には、現行の英語教育プログラムの改善であり、そこで学ぶ学生たちの考え方を無視したものを作るわけにはいきません。たしかに、ディレクターとして、教員やスタッフの士気を高め、上部層の行政的、政治的な思惑を配慮して、戦略プランを遂行していきます。それでも、改善計画の中に埋め込まれた施策は、学生の視点を無視したものであってはなりません。

　たとえば、最近注目されるようになって来たものの1つに、「能力別編成」があります。能力に合わせ、学生をグループ分けして、授業を展開するというものです。能力の高いグループに入った学生に、教員が「お前たちは優秀だが、

下位のグループに属する学生はどうしようもない」といったり、下位のグループにいる学生たちが、「どうせ、私たちは、能力がないのだから、がんばっても仕方ない」というような考えを持ったりすることがあります。

当然ながら、「能力別編成」は単なる手段なので、それ自体には、そのような意味合いはないのです。能力別編成とは、学生各自の英語能力を伸ばすため、自ら適切なグループに所属することだと理解されるべきです。つまり、学生の学習への肯定的視点を前提にしているわけです。その上で、英語教育プログラムが、適切な教員を適切に配置し、適切な教材を提供し、学生のニーズに合わせた講座展開をすることです。

「何だ、そんなこと、あたりまえじゃあないか」と思われるかもしれませんが、教員、スタッフ、学生のメンタリティーを、この視点に立つように変えていくのは、困難を伴います。現実問題として、教員、スタッフが、学生の学習に対するネガティブ思考に毎日振り回されていると、このような視点をすんなり受け入れるのが難しくさえ感じられるのです。当の私も現実に、「この視点でなぜ考え直さなければならないのか」と自問したこともあります。しかし、このメンタリティーの変革なしには、質（学生の能力、教員の質）の向上は、期待できないのではないでしょうか。

プログラム外の組織や上部層の人たちを納得させるのは、さらに困難を伴います。この問題に取り組むためには、ディレクターとして、なぜ現行のままでは、彼らが期待する結果を得ることができないのか、さらに、なぜ学生の立場からの視点を配慮しなければならないのか、など詳細に説明・説得する姿勢を忘れてはいけないのかもしれません。

(9) 継続的な人材開発と施設利用

最後に、改善計画の実行過程において、直面している問題を全員で共有し、解決策を探ることが求められます。その際、定期的に研修やワークショップなどを行い、継続的な人材開発を推進することが有効な方法です。ただ、これも長期に渡ると、本来の目的が希薄になるケースが見られますので、研修・ワークショップの趣旨、ミッション（使命）を明文化し、実施された研修・ワーク

ショップの内容の記録といっしょに、ファイルし整理することが大切です。

　また、研究室、オフィス、プログラムの共有施設（例えば、ラボなど）の改善も必要に応じておこないます。ここで、2つほど注意点をあげておきます。支出に絡んで、政治的、縄張り的圧力が生じます。時として、ディレクターが調整機能を果たさなければならなくなります。しかし、あまりに調整することに目が行きすぎると、プログラムの改善とはほど遠いものになりかねません。その時は、もう一度、最初の頃に描いた、「効率的で効力のなる改善計画が、どのようなものだったか」思い出してください。

　2つめは、研究室、オフィス、施設の配置の問題です。ラウンジの設置場所、学習ルームやチュートリアル教室を設置する位置は、人の流れに逆行しないよう十分注意する必要があります。人の利用しない稼働率の低い施設は、効率性や有効性からいって決して良いものではありません。なにより、資源を無駄にしているわけで、結果的に、学生からの授業料を無駄遣いしているのと、少しも変わりません。

　改善計画を継続的に実行していくことを念頭におけば、研修やワークショップをとおして人材開発をし、施設利用の状況を見直すことも、重要な視点であるように思います。

6. 実行過程のモニタリングと達成結果の評価

　実行グループは、中間報告書や経過報告書をとおして、改善計画の実行過程が現在どのように進行し、どの程度実行できているのか、また、どのような問題に直面し、どのような解決策を講じているのか、報告する責任があります。とくに、達成結果については、英語教育プログラムの教員・スタッフだけでなく、外部の者（例えば、教授会や学部執行部）も知りたいところです。

　計画実行の経過を客観的に報告するためにも、改善計画を実行した結果を判断する基準が必要になります。その基準に従ってデータの収集を行うメカニズムを開発することが重要な課題となるでしょう。モニタリングの基準は、必ず

しも数値でなければならないというものでもありません。教員に対するアンケートで、「学期の初めと終わりでは、学生の態度に変化があったか。あったとしたら、どのような点か」のエッセイ式の情報も重要です。どのような基準を準備するかは、「ミッション」、「目標」に照らして作成されるべきで、そのプログラム固有の評価基準が準備できることが望ましいと思います。判断基準のサンプルは、第4章の表4-1から表4-5に掲載してありますので参照ください。

　3年から4年の実行過程をモニタリングし、改善計画の結果を収集した後、図5-1の上部の「問題分析・把握」に戻ります。

まとめ

　第5章では、英語教育プログラム改善に向け、どのようなプランニングをすればよいか、「計画の立案過程」と「計画の実施過程」に分け考察しました。「計画の立案過程」では、問題の把握、明確な意思表示としての「ミッション」・「ヴィジョン」、達成可能な目標ないし結果について考察しました。このプロセスは、計画の理念について、より多くの人たちから合意を得るプロセスであるといえます。

　「計画の実施過程」では、実行能力、ヴィジョンを共有できる英語教員を核にグループを構成し、資金の獲得、実行の手順、教員の士気、教員の貢献に報いる方法、雰囲気作り、ネットワーク、学生の視点、人材開発と施設利用について考察しました。最後に、実行過程のモニタリングの重要性についてふれました。

　第II部では、問題分析と把握の段階を、本書で取り扱っている英語教育プログラムを事例に、より深く考えて見たいと思います。

第 II 部

問題・課題をどう捉えるか

第6章

プログラム開発に役立つ「評価」の視点

　英語教育改善に向け、まず、行ったことは、英語教育に関係するそれまでの資料やデータを収集し、教員から生の声を聞き、英語教育の現場に何が起きているのか把握することでした。この学部へ来てまだ日も浅く、学部内の人間関係はほとんどわからなかったので、私の周りの先生方から少しずつ生の声を聞くことにしました。その結果は、私が予想していた以上に問題は深刻であることがわかりました。また、英語教育の重要性が（この学部では、英語は必修でした）認められていながら、英語教育が組織化されておらず、マネジメントされていませんでした。学部執行部も問題を十分に把握しきれていなかったというのが当時の状況だったと思います。

　そこで、現状の問題を把握し分析する作業をしたわけですが、私にとって、「何にもとづいて、どのように問題を的確に掴むか」ということが問題になりました。実際のプログラム評価は、外部から評価の専門家を招いて実施しますし、カバーする範囲も教授方法や教授の実態などを含み、多岐に渡ります。しかし、私が試みた問題の把握・分析は、あくまで、プログラム内部の一員としてのディレクターの立場でできる範囲に限られたものでした。

　そこで、手段（アプローチ）の拠り所として、プログラムの評価方法からいくつかアイデアを拝借することにしました。この章では、私がヒントを得たプログラム評価について概観し、どのような点をヒントにしたか報告します。第1節で、プログラム評価の視点について、第2節では、実際の問題の把握・分析のヒントにしたCIPPモデルについて説明します。最後に、CIPP評価の視点と第4章で述べたプログラムの効力との関係を考察します。

1. プログラム評価の視点

　問題の把握と解決に当たり、プログラム評価の視点を取り入れることで、どのような利点があるのでしょうか。カリキュラムやプログラムを改善するとなると、毎日のプログラム運営に携わりながら、改善計画を前に進めなければなりません。いろいろな問題が混在している毎日、その中で、改善の方向を維持・継続するには、かなりのエネルギーと時間が要求されます。つまり、時間的に効率の良い方法を見つけることが、改善の前提条件であるといえます。そんなとき、もっとも役に立った視点が、1）客観性の再認識、2）「不一致」という考え方、3）評価手続きの心得でした。

(1) 客観性の再認識
　ただ単に、プログラムの問題を探り把握しようとすると、「問題は何か」を探っている人、つまりディレクターや教員の観点だけで、どうしても問題を捉えてしまいます。しかし、前述したように、プログラムはいろいろの要因から影響を受けていますので、ディレクターや教員の観点だけで、必ずしも妥当な問題の把握ができるとは限りません。そこで、問題把握の客観性を高める方法を探りました。

　ふつう、評価は、プログラムを運営している当事者ではなく、外部者によっておこなわれます。外部評価者は、利害を有する人たちすべての意見を配慮しつつ情報を収集し分析することを重視します。ですから、少なくとも、利害を有する人たちよりも、外部評価者の方がプログラムの状況を客観的に観察できます。また、プログラムを取り巻く政治的、経済的、組織文化的状況も含めて、プログラムを包括的に分析し問題点を指摘することも可能です。

　しかし、プログラムの一員が、プログラムで問題の把握・分析を行なおうとすると、カリキュラム、教員の特性、学生の特性に焦点が集中し、問題の根源を狭い範囲で理解してしまい、教員やディレクターの利益を重視する姿勢は避けることができないでしょう。そうなれば、学部執行部や英語教育の外にいる

教授陣は、彼らの英語教育プログラムへの要求が軽視されていると考え、英語教育プログラムは、彼らの支援を十分に得ることができないかもしれません。

そこで、「どうすれば、客観性を確保できるか」ということが重要になります。それは、評価モデルの特徴から設定した「一連の質問」（第2節で説明）に、資料やデータの分析結果をもとに可能な限り答え、改善策が問題と密接に関連し合理的であり、コスト的にも無理がないことを、受益者に伝えることだと思います。教員に対しては、個人的優遇や冷遇ということではなく、「公正な判断」の結果である点を理解していただくことが重要な点です。

(2) 「不一致」という考え方

つぎに注目した視点は、「不一致」（discrepancy）という考え方でした。プログラムの運営・マネジメントから見ると、まず、①目的・目標があり、つぎに②目的・目標達成のために計画されたプロセスが提示されます。そして、それを③実行する過程があり、最後は、実行した④結果が現れます。現場では、この4つの要素が絡み合って、毎日、プログラムが運営されています。

この4つの要素が織り成す複雑な現状を把握し、現実の状態と私たちが到達したい状態（理想の状態）との「不一致」（discrepancy）を見いだし、そのギャップを解消・解決する手段（approach）と方法を見つけ出すことが、プログラム評価の主たる目的です。とくに、プログラムのミッションや目標に関連しているギャップをプログラム・ニーズといいます。ただ、ここで注意したいことは、「私たちが到達したい状態」は、到達可能であるということです。

では、その目標が到達可能かどうか、どういう点から分かるのでしょう。それは、現状把握が納得のいくものであることと、「不一致」が明確に提示できること、さらに、この両者の関連性がはっきりすることからわかります。

(3) 評価手続きの心得

さらなる問題もありました。英語教育プログラムが抱える問題の深刻さが、十分に認識されていなかったので、改善のための予算計上などが、前年度になされていませんでした。同時に、英語教育プログラムの改善は急を要しました。

今、計画案を作成しても、現実にその効果が出てくるのは3年、4年先です。結局、毎日のプログラム運営に従事するかたわら、プログラム改善の足場を作っていかざるを得ませんでした。下に記したスタッフルビームの主張する4つの心得は、この状況の打開につながると考えます。

① 評価方法が操作しやすいこと（utility）。
② 費用や費やすエネルギーがかかり過ぎないこと（feasibility）。
③ すべての受益者に公正であること（propriety）。
　（受益者は、本書の場合、教員、学生、大学・学部などです）
④ 評価プロセスや情報収集手段が明確であること（accuracy）。

2. CIPP評価法

参考にした評価モデルに話しを移しましょう。参考にした評価モデルはCIPPといわれるものです。この節では、まず、CIPPについて概観した後、コンテックスト、インプット、プロセス、プロダクトのそれぞれの評価の視点について考察します。

(1) CIPPとプログラム

私たちの英語教育プログラムは、ほとんどの英語教育プログラムやカリキュラムがそうであるように、それ自体で独立していません。それは複雑な意思決定過程の一部であり、多重な層をもつ組織に設置されたプログラムです。そのようなプログラムの評価に比較的効果があるといわれているのがCIPPモデルです。これは、コンテックスト・インプット・プロセス・プロダクト（Context・Input・Process・Product）の4つのタイプの評価モデルからなっています。論理的に関連しているため、4タイプの評価をすべて実行すべきであるように錯覚しがちですが、それぞれ独立したモデルです。スタッフルビームによれば、時間、労力、コストなどを考慮し、4つのうちの1つ、ないし2つが実施されるのが普通

だということです。
　CIPPモデルを活用する際に注意しなければならない点があります。図6-1は、CIPPモデルとプログラムのプランニングとの関連を示しています。毎日のプログラムの活動には、目には見えませんが、ヴィジョン・ミッション、達成可能な目標、立案された実行過程、実際の実行過程、実際の教育効果が連続的に現れています。この動態的な「活動」をそれぞれのモデルを使って静態的に捉えようとします。ですから、先ほど述べたように、各モデルで独立した評価を行うことになります。収集する情報は、モデルによって異なるところもありますが、重複する場合もあります。

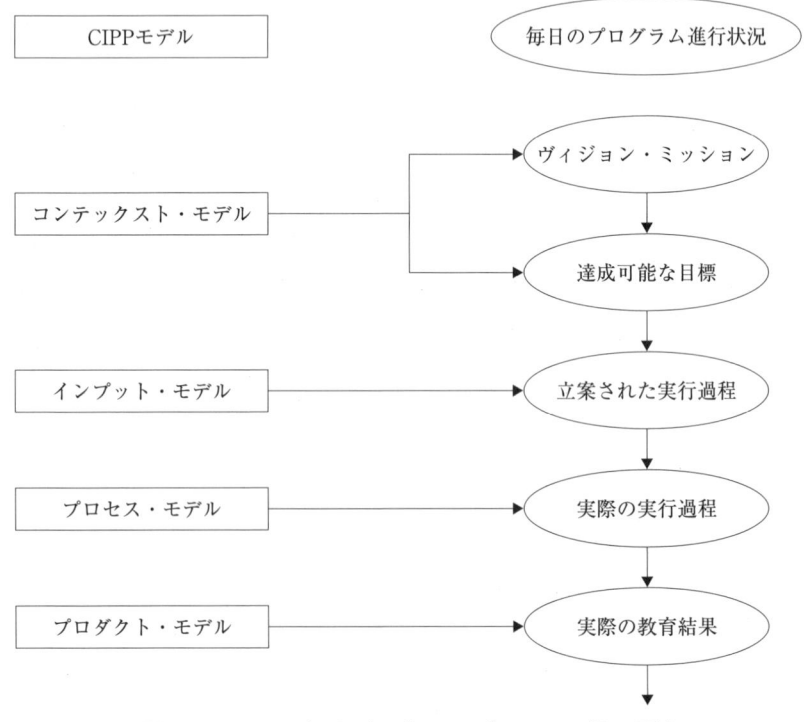

図6-1　CIPPモデルとプログラムのプランニングとの関連

(2) コンテックスト

スタッフルビームによれば、コンテックスト・モデルを使う目的は、問題、プログラム・ニーズを認識し、ニーズの優先順位を明確にし、問題解決の方策の計画立案に必要な情報を提供することです。すなわち、つぎの5つの質問に答えることです。

○何を達成しようとしているのか。
○受益者は誰か、また彼らの求めるものは何か。
○プログラムの目的や目標は明確で適切か。
○ニーズを満たす過程で、どんな問題や障害が起こるか。
○ニーズを満たすために、使用可能な補助金や財的支援はあるのか。

ここで、少し話は逸れますが、重要なことなので、プログラム・ニーズの定義について触れておきます。スタッフルビーム（2000）は、ニーズとは、「正当と認められる（defensible）目的を実現するのに役に立ち、かつ必要なもの」で、「正当と認められる目的」とは、「組織のミッションに関連して、達成されることになっているものである」といっています。カフマン・ヘールマン・ウォターズ（1996）は、ニーズは、「現在の結果（results）と期待する結果とのギャップのことであり、資源、プロセス、方法におけるギャップは、ニーズではない」といっています。さらに、ロス（1977）は、ニーズの種類に言及し、ニーズには、①ゴール（idea）の不一致、②社会的（norm）不一致、③ミニマムの（Minimum）不一致、④願望（desire）の不一致、⑤期待（expectation）の不一致の5種類があると言っています。このニーズの概念は、皆さんのプログラムの目的・目標を設定する際に、役立つかもしれません。

さて、コンテックストの評価に話を戻しましょう。この評価は、たとえば、スタッフルビームによれば、大学基準協会による組織評価が実施されるとき、理念や目標の更新を迫られたとき、サービスや人材配置が不適切だと判断されるとき、業績が悪化した時、改善計画に正当な理由が見当たらない時、プロジェクトの継続が妥当か確認したい時などに使用できるということです。

前述したように、この評価方法は、改善計画立案に必要な情報を提供することを目的としているので、すでにプロジェクトが走り出しているときや、プロジェクトや改善計画全体をまず実施して見る必要があるとき（ニーズや問題が何かわからないような状況）には、不適当であるといわれています。

最後に、上述した5つの質問事項を、英語教育プログラムに応用する場合、下記の5つの設問になると考えます。

○学部のミッション・目標は何か。英語教育プログラムのミッション・目標は何か。
○英語教育プログラムの受益者は誰か。受益者が求めるものは何か。
○英語教育プログラムのミッションは、学部のミッション、目標に照らして適切か。各講座（コース）は、プログラムの目的・目標達成のために適切に関連しているか。講座内容は、プログラムの意図している目標に合致しているか。
○ニーズを満たす過程で、どんな問題や障害が起こるか。
○プログラムに対する援助金や財的支援の状況はどうか。

(3) インプット

インプット・モデルに話を移しましょう。インプット評価は、プログラム目標を達成するための計画段階を対象にした評価手法です。妥当性や実行可能性を充分に配慮し、実施計画を精査する過程です。

スタッフルビームは、このモデルは、基本的には、選択した方策が、望ましい方策かどうか判断するために使われるといっています。そして、この評価方法が有効に活用できる場面を5つあげています。

①ニーズや問題ははっきりしているが、適切な方策（strategy）が見つからないとき。
②ほかの組織が似たような問題にどのように取り組んでいるか、当該組織の意思決定者たちが知らないとき。

③当該組織の意思決定者たちは、適切な解決策を見つけてはいるが、直面している状況下で、どのように計画すればよいか、困難を感じているとき。
④目標を達成するための方策は、2・3見つかってはいるが、それぞれの方策のメリットがはっきりしないとき。
⑤選択した解決策が論争の的になっているとき。

インプットの目的は、資源や解決策を選択し、予算、スケジュール、人材配置のための計画（施策）を細述し、実行過程をモニターする際の基礎を提供することです。つまり、以下2つの問題を考察することであると、スタッフルビームは言っています。

○プログラムの能力や選択できる施策にどんなものがあるか。
○選択した計画を実行する場合の、手順、予算、スケジュールは適切か。

この評価方法は、使用可能な人的資源や物理的資源を抽出し分析します。問題解決策を探るために文献研究をおこない、同様な施策を取っているプログラムを観察・調査します。この際、妥当性、実行可能性、コストに照らして、効率的な施策の手順を吟味することが大切な課題です。

さらに、その過程をとおして、私たちは、プログラムの内外の関係者と接触する機会が増えます。そして、英語教育についての考え方、教授法、プログラム改善についての考え方やアイデアをお互いに学び合う（少なくとも理解する）ことができます。結果、関係者の間で、英語教育改善について情報交換、意見交換が盛んになるでしょう。この一連の活動が、プログラム改善に携わる人びとに活力を生み、相乗効果として、英語教育プログラムの、問題解決能力や改善能力が向上するのではないかと思います。

(4) プロセス

プロセス・モデルの目的は、実施計画が適切に遂行されているか判断し、実際のプロセスの改善を行うことです。また、実際の過程で何が起きているのか

記録し、結果を分析する基礎や基準を準備します。スタッフルビームによれば、つぎの3つの問いに答えることになります。

○計画の手順の設定過程や実行過程で、どんな問題が生じているか。
○適切に判断し実行していくために必要な情報は何か。
○後の分析のために、一連の手順や活動をどのように記録するか。

　手段として、①実行されている過程に、潜在的に障害となるものを見つけ出し、②予想し難い問題の発生を警戒できるように、実行過程をモニターし、③実行過程で下す判断に必要な情報を収集し、④その過程を細かく記録し、⑤改善作業を行うことがあげられます。

(5) プロダクト

　上述した3つが形式的評価であるのに対し、プロダクト・モデルは、総括的評価であるのが特徴です。形式的評価とは、学習・教授・運営の計画・実行プロセスから得られた情報をもとに改善を促すことが目的です。一方、総括的評価のほうは、学習・教授・運営が終了した段階で、期待した結果を得たかどうかを判断します。

　ですから、このモデルの目的は、実施の結果得られた「意図された結果」、「予想を裏切る結果」、「予想外の結果」をもとに、プログラムの継続、中止、修正を判断することです。そして、つぎの3つの質問を中心に情報収集と分析を行うことであると、スタッフルビームは言っています。

○実行過程での判断と結果を、どのように詳細に記録するか。
○プログラム目標と結果、コンテックスト、インプット、プロセスの情報をどのように関連させるか。
○どのようにプログラムのメリットとワースを解釈するか。

　スタッフルビームによると、メリット (merit) とは「その物が、本質的に保

持している価値ないし質」のことです。たとえば、英語教育プログラムの構造や運営形態、カリキュラム構造が論理的に期待される結果を出せると判断できるものであれば、このプログラムは、メリットがあることになります。

一方、ワース（worth）は、「その物の付帯的価値、または、受益者の要求を満たすために、そのものが役に立つかどうか」ということです。たとえば、英語教育プログラムが、その効力を十分に発揮しているという状態を言います。

このモデルでは、教育結果をプログラム・ニーズ、目標、関連基準と照合するため、結果を的確に測定することが求められます。この場合、教育結果（educational outcomes）は、単に共通テスト、実力試験の結果だけを意味しません。たとえば、学生の英語学習に対する態度、教員の士気、学習量、教員の授業状況の報告なども、教育結果を測定する項目になり得ます。大切なのは、利害が絡む者たち（教授会、執行部、英語教育プログラム、語学教育センターなど）の間で、「何を、評価項目にするか」ということに合意を得ておくことだと思います。

3. CIPP評価の視点とプログラム効力との関係

最後に、プログラムの効力とCIPPの視点との関係について考えてみましょう。評価の視点を利用して、プログラムが抱える問題を解決するということは、結果的に、プログラムの効力の向上につながります。

本書の事例で扱う英語教育プログラムの場合、コンテックストとインプットの2つの視点を活用しました。プログラムの改善に取り組み始める3年前に、英語教育に関する新しい答申が出ていました。答申の内容を学部の使命や設立趣意書と照合し精査した結果、答申内容は、この学部の英語教育の方向性を適切に示していると判断しました。しかし、同時に、カリキュラムの不備や運営組織の欠陥などが見て取れました。したがって、2つの視点からプログラムを改善することは、少なくとも、プログラムの効力の判断基準（第4章－1）に関連する効力の向上を促すことになると思われました。

82　第Ⅱ部　問題・課題をどう捉えるか

表6-1　CIPPモデルから得た問題把握方法—プログラム効力との関連

CIPP	CONTEXT	INPUT	PROCESS	PRODUCT
目的	問題は何か、プログラム・ニーズは何か、問題解決の優先順位の明確化し、問題解決のための方策立案に必要な情報を提供する。	資源や解決策を選択し、予算、スケジュール、人材配置のための計画(方策)を細述し、実行過程をモニターする準備の基礎を提供する。	実施計画が適切に遂行されているか評価し、実際のプロセスの改善を行う。また、結果を分析する基盤や基準を準備するために、何が起きているかを記録する。	実施の結果を得られた「意図された結果」、「予想を裏切る結果」、または、「予想外の結果」を基に、プログラムの継続、中止、修正を判断する。
質問	1. 何を達成しようとするのか。 2. 受益者は誰か、何を求めているのか。 3. ニーズを満たす過程で、どのような問題や障害が起こるか。 4. ニーズを満たすために、使用可能な補助金や財的支援はあるか。 5. プログラムの主目標、その他の目標は明確で適切か。	1. プログラムの能力や選択できる施策にはどのようなものがあるか。 2. 選択した計画を実行する場合、手順、予算、スケジュールは適切か。	1. 計画の手順の設定過程や実行過程で、どんな問題が起こるか。 2. 適切に判断し実行していくために必要な情報は何か。 3. 後(PRODUCT)の分析のために、一連の手順や活動をどのように記録するか。	1. 実行過程(PROCESS)での判断と結果をどのように詳細に記録するか。 2. プログラム目標と結果、CONTEXT, INPUT, PROCESSの情報をどのように関連させるか。 3. プログラムは、期待した効力を発揮したか。効力を改善するには、何が必要か。
資料入手方法	大学、学部、プログラムの使命や目標、カリキュラム、規定や試験結果など文面化されているもの。インタビュー、アンケートによる質問に対する回答。	実施計画、細部における手順、予算、予算、教員のシラバス、試験の内容、実施に役立つ研究結果、学生の成績結果など。	支出状況、改善プロジェクトの経過報告、学生の成績の推移、授業評価、アンケートで意思決定過程の適切性、問題を把握、モニタリングに役立つ研究結果など。	各講座からの報告、モニタリングによる成績結果、各種査定試験結果、学生満足度調査の結果、授業評価結果、教員・スタッフ・外部者からのプログラム達成度調査の結果など。
プログラムの効力(第4章、1節)	カテゴリー I カテゴリー V カテゴリー II・12	カテゴリー I (4, 5, 6, 7, 8)	カテゴリー II カテゴリー III	カテゴリー IV and VI カテゴリー I・II・III・Vとの関連

(スタッフルビームによるCIPPの説明に、資料入手方法とプログラム効力との関係を加え整理した。)

第6章　プログラム開発に役立つ「評価」の視点　83

　スタッフルビームによるCIPPの説明に、資料入手方法とプログラム効力との関係を加え表6-1を作成してみました。この表を見ると、コンテックストの視点は、プログラムの効力のカテゴリーⅠとⅤ、そして、カテゴリーⅡ・12を解釈する時に有効で、インプットの視点は、同じくカテゴリーⅠの判断基準の4、5、6、7、8に有効です。本書では扱いませんでしたが、プロセスの視点は、カテゴリーⅡとⅢに、プロダクトの視点は、カテゴリーⅣとⅥ、そしてⅠ・Ⅱ・Ⅲ・Ⅴとの関連を考える上で有効であるようです。

　3・4年後、改善がなされ、運営や授業展開も定着し、データもある程度蓄積された段階で、再度、プロセスとプロダクトの視点を使ったプログラム改善を計画、実行すれば、より効力のある英語教育プログラムが誕生するのではないかと思います。

　まとめ

　第6章では、まず、英語教育プログラムの問題把握、解決策の考案に当たり有益なプログラムの視点；客観性の再認識、「不一致」という考え方、評価手続きの心得について考察しました。第2節では、具体的な評価法、CIPPを例に、コンテックスト、インプット、プロセス、プロダクトの4つの評価の特徴を説明し、実際の問題の把握と分析に有益な視点について考察しました。最後に、CIPP評価の視点とプログラムの効力との関係を考察しました。

　コンテックストとインプットの視点をヒントに実施したプログラムの分析結果と改善点については、第7章、8章、9章で扱います。

第7章

コンテックスト手法からのヒント

　この章では、コンテックスト手法の視点を借りて、どのようにすれば、英語教育プログラムの問題点を把握できるか、例を使って考えてみましょう。最初に、問題の把握が鮮明になるように、この学部の変遷に伴う英語教育の変化を追います。第2節では、分析に使用したデータについて説明します。これらのデータの中の実行計画立案に関わる部分は、第8章の「インプット」でも使っています。第3節では、コンテックストの視点からプログラムの現状を分析します。第4節では、分析結果にもとづき、プログラムの改善点について考察します。第5節では、実行計画作成に役立つよう、改善点を短期、中期、長期の計画に分類してみます。

1. 学部英語教育の変遷

　まず、学部創設当初からの英語教育の変遷を見ていきます。表7-1に主な事件をまとめました。この学部は、創設以来、国際的視野と実践英語力を基礎に、国際関係を深く理解でき、行動力を持った人間の育成というミッション（使命）をかかげてきました。英語は、創設当初から、第一外国語、または第二外国語として必修とされました。1学年は週3講座、2学年は週2講座が開講されました。各講座は、AとBに別れ、それぞれ日本人教員とネイティヴ教員が担当する形態を取っていました。学生は、この2クラスを終了することで1講座を終了し、2単位を取得していました。つまり、2単位取得のために、実質的に2講

座分（180分）を終了する必要がありました。

　1980年代初頭、オーディオ・ヴィジュアル・センターが設置されました。センター内には、語学ラボが4教室、自習室が1室、マルチ・メディアルームが1室、スタジオと事務室が置かれました。

　1980年代半ばには、文部省から臨時定員増の許可を受け、2倍の入学定員となりましたが、英語は引き続き第一外国語、あるいは第二外国語として必修でした。

表7-1　英語教育プログラムの歴史的事件

	英語教育プログラムの歴史的事件
1980年代はじめ	オーディオ・ヴィジュアル・センター設置
1980年代半ば	臨時定員増を実施（入学定員数が2倍になる）
1990年代はじめ	初めて、プレイスメント・テストを実施（自前のものを使用）
1990年代はじめ	英語教育改革委員会答申（言語運用能力に教育の焦点を定める）
1990年代半ば	新カリキュラム施行（大学全体）、プレイスメント・テストを変更（新たに、自前で作成）

　1990年代はじめには、初めてプレイスメント・テストが実施されました。しかし、テストの問題の難易度のバランスが悪く、高得点をマークする学生のグループを適切に差別化できていないことがわかり、1990年代半ばには、新しく作り直されました。当時、プレイスメント・テストは、一般入試、センター入試、推薦入試を経て入学して来た学生の英語力を分析し、入試の企画に役立てることを目的として使われていました。

　1990年代半ばには、英語教育改革のための委員会が設置されました。そこで、基本方針としてプロフィシャンシー（言語運用能力）の改善に重点を置く答申が出されました。

　翌年から新カリキュラムが実施されました。それまで、1・2学年に集中していた英語教育は、時間数が配分し直され、4年間で達成する形に変更されました。その結果、1・2学年の英語の講座数が減り、3・4学年の英語の講座数が増えました。通年科目であった「第一外国語としての英語」は、1年次に4講座（英語Ⅰ，Ⅱ，Ⅲ，Ⅳ）、2年次に3講座（英語Ⅴ，Ⅵ，Ⅶ）開講し、各講座を2

単位としました。第二外国語としての英語1・2・3・4の4講座（コース）は引き続き設置されました。

創設以来実施してきたAとBを1講座とする講座形態は、教員間のコミュニケーションの欠如から機能しなくなっているという理由で、廃止されました。しかし、日本人とネイティヴを組み合せる形は、1・2年次の講座に形を変え残ることになりました。1年次には、4講座のうち2講座を日本人教員が、ほかの2つをネイティヴ教員が教える形態が採られました。2年次では、3講座のうち1講座ないし2講座をネイティヴ教員が担当することになりました。

さらに、「外国語講読」の講座が、両学科に設置され、名称も「英語文献講読Ⅰ・Ⅱ」に変更されました。また、それまでの「実務英語」は「実用英語Ⅰ・Ⅱ」として名称変更され、英語会話Ⅰ・Ⅱの講座とともに増設されました。

同時に、講座シラバスがはじめて作成されました。英語教育分野でも、各講座の共通シラバスが作成され、講座（コース）内容とともに教員名や使用教科書名などが記載されるようになりました。

1990年代半ばには、学部執行部は、英語教育改善の答申にもとづき、英語教育の緊急の改善を示唆し、実践英語教育を推進する「英語教育のプログラム化」に向けた計画案作成が始まりました。

1990年代末には、新たに2つの学科が増設されるとともに、英語教育にセメスター制が導入されました。各学期に、日本人とネイティヴ教員との組み合わせで2講座が開講されました。各講座は週2回、合計週4回の講座形態となりました。これは創設当初からの日本人—ネイティヴ教員の講座形態を踏襲したものでした。

2. データ収集

分析に必要なデータは、文書、インタビュー、観察、試験結果から得ました。情報は、可能な限り柔軟に収集することが求められます。本書の場合は、大学設立の趣意書、平成4年度カリキュラム検討委員会答申書、英語教育改革委員

会答申書、『平成六年度シラバス』ファイル、『1996年度入学生用履修要覧』、『平成九年度授業計画』の文書をおもに活用しました。また、過去に英語教育に携わった専任教員、教務関連事項に携わってきた職員と教員、ネイティヴ教員にインタビューを行い、情報収集をしました。1994年度から1999年度のプレイスメント・テストの結果は、数少ない学生の英語に関するデータでした。講座体系（表7-2）、教員（表7-3・4）、入学時のプレイスメント・テストの結果（表7-5）をまとめ、下に記載しました。

表7-2　第一外国語としての英語（全コースとも通年制）

	教養英語		英語専門	専門科目
	第1外国語	第2		
1年	英語Ⅰ（Listening & Speaking） 英語Ⅱ（Reading） 英語Ⅲ（Grammar & Composition） 英語Ⅳ（Listening, Speaking & Discussion）	英語1 英語2		
2年	英語Ⅴ（Listening & Speaking） 英語Ⅵ（Reading） 英語Ⅶ（Grammar & Composition）	英語3 英語4	英会話Ⅰ	
3年			英会話Ⅱ 実用英語Ⅰ	文献講読Ⅰ
4年			実用英語Ⅱ	文献講読Ⅱ

表7-3　教員構成（1999年度以前）

	専任	非常勤	合計
日本人	6	18	24
ネイティヴ	5	9	14
合計	11	27	38

表7-4　教員の専門による内訳

専門	日本人	ネイティヴ
言語学	1	
TESL	(1)	4
英文学	4 (1)	
教育	1	
思想		1
合計	6	5

注）表内の (1) は、同じ者

表7-5 入学時のプレイスメント・テストの結果

スコア＼年	1994	1995	1996	1997	1998	1999
100-76	2	1	2	0.4	1.7	0.1
75-66	22	18	20	10.6	9.3	3.4
65-56	32	35	33	33	28	16.5
55-46	27	33	29	30	35	22
45-36	14	10	13	20	19	32
35-0	3	3	3	6	7	26
パーセンテイジ	100	100	100	100	100	100

3. コンテックストの視点からの分析

つぎに、コンテックスト評価の視点を使って、当時の英語教育プログラムの状況を分析します。下記の5つの問いに沿って、プログラム・ニーズと、プログラムのミッションと目標を達成するために必要な教員体制・教材・施設・運営と、現実とのギャップ、つまり「不一致」を考察しました。さらに、問題解決の方策の計画立案に役立つように、改善案に優先順位をつけてみました。

①学部のミッション・目標は何か。英語教育プログラムのミッション・目標は何か。
②英語教育プログラムの受益者は誰か。受益者が求めるものは何か。
③英語教育プログラムのミッションは、学部のミッションに照らして適切か。各講座（コース）は、プログラムの目的・目標達成のために適切に関連しているか。講座内容は、プログラムの意図している目標に合致しているか。
④ニーズを満たす過程で、どんな問題や障害が起こるか。
⑤プログラムに対する援助金や財的支援の状況はどうか。

(1) プログラムのミッションと目標

　この学部は、国際的視野と実践英語力を基礎に、国際関係を深く理解でき、行動力を持った人間の育成というミッション（使命）を掲げていました。英語教育プログラムのミッションは、学部の使命に沿う形で、学生は実践思考型の英語能力、つまり言語運用能力を獲得できるようにすることでした。プログラムの目標は、異文化を理解し、4つのスキルズ（reading, speaking, writing, and listening）を使いこなせる運用力、つまり、Communicative competenceを身につけさせることでした。特に、Productive skills（writing and speaking）は、もっとも重視されていました。実践思考型の「実践」の定義は、通常の生活に必要な英語力を超え、学問分野や地域研究のためのフィールド・ワークに不可欠な語学力を意味していました。

　しかし、実際には、講座ごとに特定のスキルに集中する傾向があり、4つのスキルを使い、学生が言語運用能力を身につけるという目標が、シラバスにも、はっきりと表現されていませんでしたし、必ずしも、すべての英語教員に認識されていたわけではありませんでした。

(2) 受益者が求めるもの

　私たちの英語教育プログラムに対する最も重要な受益者は、学生、学部の教授陣と執行部です。それから、英語教員も受益者です。第2章のプログラムの効力と教育力の関係から見ると、教育をするプロセスで誇り、自信、成長を得ていることから、教員もプログラムの受益者であることがわかります。受益者たちは、英語教育・学習について、どう考えていたのでしょうか、また、どんな不満を持っていたのでしょうか。

1）学部（教授陣と執行部）

　執行部や教授陣は、学生の英語力向上を強く望んでいました。答申でも明らかなように、言語運用能力の育成が目指されたわけです。しかし、実際、教授の方々と話してみて、英語教育の成果は、TOEFL、TOEIC、英語検定試験などの点を基準に考えていることがわかりましたし、英語力向上イコー

ルTOEFLの高得点と捉えていたようです。つまり、TOEFLで高得点が取れれば、言語運用能力が向上し、使える英語に一歩近づくという考え方が大勢を占めていました。彼らの認識が、学部や英語教育プログラムのミッションに照合して妥当かどうかについては検討の余地はありましたが、彼らもまた受益者であり、彼らの要求は重視されるべきものでした。

2）学生

　学部は、国際関係分野と国際文化関連分野の2学科からなっていました。表7-5からもわかるように、1994年から1999年までの新入生のプレイスメント・テストの結果から、1997年から入学生の英語能力が落ちてきたことがわかります。

　入学生全体を100％とすると、1994年から1996年まで、76点以上（100点が最高）を取っていた学生は全体の2％でしたが、1997年には0.4％に落ち込み、1999年には、全体の0.1％になりました。75点から66点の範囲内に位置した学生数は、1994年には22％だったのが、1997年には10.6％、1999年には3.4％と1994年の6分の1にまで落ち込みました。

　逆に、中間以下の学生数の増加が見て取れました。35点から0点の範囲には、1994年に3％であったものが、1997年に2倍の6％になり、1999年には1994年の8.7倍になりました。さらに、45点から36点の範囲内の学生数は、1994年には全体の14％だったものが、1997年には20％を占め、1999年には、1994年の2.3倍の32％になりました。

　この傾向は、今後入学生の英語能力の幅が確実に広がっていき、同時に、英語に優れた学生の獲得が困難になることを示していました。

　このような傾向の中で、学生は、どのような英語教育を望んでいたのでしょうか。第1学年の学生50人、教員養成課程（英語専攻）の学生120人を対象に、筆記式のアンケート調査を実施しました。第1学年の学生からは、使える英語、楽しい英語、将来役に立つ英語などのコメントが多く寄せられました。これに共通する言葉は、「話ができるようになりたい」というものでした。教職の学生はといいますと、「使えるようになりたい」というのが大方の

希望でした。また、このグループからは、1・2学年の教養英語は、「スキル別ではなく、内容による講座を準備したほうがよい」という声も多く聞かれました。

3）英語教員

　表7-3のように、教員は、日本人・ネイティヴ、専任・非常勤をあわせて38名でした。日本人専任が6名、ネイティヴ専任が5名、日本人非常勤が18名、ネイティヴ非常勤が9名でした。ネイティヴ教員数の全体に占める割合は37％でした。講座数からみると、全講座数の51％は、ネイティヴ教員が担当していました。

　日本人専任は、英語を教える一方、おもに専門分野も教えていました。最大で英語のコマ数は3コマ程度（7コマ中）、4コマは専門分野の講座を教えていました。表7-4のように、日本人専任のうち、4名が文学、1名が教育学、1名が言語学の専門でした。また、文学専攻の1人は、TESL（Teaching English as a Secondary Language）の資格を持っていました。

　ネイティヴ専任のうち4人は、修士号・TESLの資格を有し、それぞれ英語の講座9コマを担当していました。残る1人は、「思想・哲学」の博士号を有し、英語の講座を3コマ教えていました。

　しかし、ネイティヴ教員の多くは、学部や語学教育センターに対し、不満を持っていました。ネイティヴ教員は、大学側が彼らの質問や要請に適切に対応していないと考えていました。一方で、大学や語学教育センターから出される教員への事務連絡は、すべて日本語で書かれており、日本語を知らないネイティヴ教員（ほとんどがそうだったのですが）には、大学内で何が起きているのか把握できない状態でした。

　また、彼らの中には、契約事項と現実の労働条件の違いを指摘する者もいました。学期が始まって、教務部や語学教育センターから、契約条項になかった仕事を急に命じられて、契約内容がはじめて分かるという状態でした。当時、契約文書は日本語で書かれており、契約に立ち会った大学の代表者による口頭での説明も不十分だったようです。事実関係は不明でしたが、少な

くともネイティヴ教員は、自分たちは正当に扱われていないという認識を持っていたようです。また、あるネイティヴ教員は、「学生のために、いろいろなことをしたいのだが、学部にその旨を打診しても応答がない」と話していました。1年ごとの契約で3年間更新が認められているネイティヴ教員の中には、1年で辞める者も出ていました。

　以上の結果から、資格・運用能力やネイティヴ教員の全体を占める割合からも、プログラム・ミッションを達成するための教員体制は、ある程度整っていたと考えられます。しかし一方で、働き甲斐のある環境、意思決定過程への参加、労働条件の明確化と公正さを、とくに、ネイティヴ教員は望んでいました。

(3) プログラム・ミッションと講座の関連性

　つぎに、プログラムのミッションと講座との関連を見てみましょう。英語のプログラムでは、第一・二外国語として17の講座（コース）が設置され、合計146のクラスが開講されていました。総講座数の50％は、ネイティヴ教員が教え、非常勤教員への依存率は65％でした。英語Ⅰ-Ⅶ、英語1-4（第二外国語としての英語）、英会話Ⅰ・Ⅱのシラバスはすべて英語で書かれていましたが、実用英語と英語文献講では、一部の講座を除いて、ほとんどが日本語で書かれていました。

1) 英語Ⅰ-Ⅶ

　英語Ⅰ-Ⅶには3つの目標がありました。まず、講座内容を見ると、政治、経済、社会、文化に関連する知識を獲得することを目標にしていました。また、1学年の各講座（コース）には、単語数を2,500から5,000に増やす目標が設定されていました。2学年では、2,500から7,000に増加することが目標とされていました。

　さらに、各講座は、表7-2に示したように、英語ⅠがListening and speaking、英語ⅡがReading、英語ⅢがGrammar and composition、英語ⅣがListening, speaking and discussion、英語ⅤがAdvanced reading、英語Ⅵが

Advanced composition、英語ⅦがAdvanced reading and discussionのような技能別になっていました。

　つまり、英語Ⅰから英語Ⅶの全コースをとおして、政治、経済、社会、文化の基本的知識の習得、4スキルズの訓練、語彙力の強化の3つの目的を達成する意図を持っていました。しかし、各講座が、4つのスキルを扱うことは、明記されていませんでしたし、達成目標についても具体性を欠くものでした。

2) 英会話

　英会話Ⅰ・Ⅱの内容を見ると、シラバスは英語で書かれており、英会話Ⅰと英会話Ⅱはまったく同じ内容でした。英会話の目的は、自然の日常会話に慣れることと、学生の学んでいる専門に関連する内容を討論することになっていました。しかし、プログラムのミッションを達成するために、英会話の講座で果たすべき目標は、提示されていませんでした。学生側から見ると、この講座は、「会話に慣れる場所」程度にしか理解されない可能性が高いと考えられました。

3) 実用英語

　実用英語Ⅰと実用英語Ⅱは、選択必修科目でした。ほとんどがビジネス・経済関連の内容になっており、「実践的」、「役に立つ英語」、「使える英語」という言葉で修飾されていました。実用英語Ⅱは、2講座のみ開講され、経済と国際関係の内容を取り扱っていました。しかし、この講座で、例えば、「実践英語」を身につけるための、現実的な目標が設定されていたかというと、疑問が残ります。

4) 英語文献講読

　国際関係関連の英語文献講読に関して、英語文献講読Ⅱの方に概説的な内容を示すものが多く、英語文献講読Ⅰに細分化された内容の講座が多いことがわかりました。一方、国際文化関連の英語文献講読の講座には、講座内容がさまざまであることから、英語文献講読ⅠとⅡの相互関係は把握できませ

んでした。また、内容が重複している講座も2つありました。

(4) ニーズを満たす過程での問題点と予想される障害

以上、英語教育プログラムのミッションに照らして、受益者の利益、各講座の目的・目標、講座間の関連性を考察しました。その中で、ミッションを達成するにあたり、予測される問題や障害について見てみましょう。

1) 英語教育プログラムのミッションの中で使われている「実践思考型」、「言語運用能力」などのキーワードが、十分に説明されていないため、プログラムとして到達目標が明確に示せていませんでした。

2) 教授陣の関心の高さにもかかわらず、プログラムの達成目標を判断する手段としてTOEFL、TOEIC、英検を、どのように活用するのか示されていませんでした。

3) それぞれの講座は4スキルを扱うということが、教員、学生に明確に伝わっていませんでした。

4) 学生の英語力の幅が広がり、英語に優れた学生数も減少する傾向は、今後顕著になると予想されました。

5) 講座内容は、知的刺激を与えることができるという意味で、「楽しい」、「興味がある」ものが期待されていました。また、学生が望む「楽しい英語」の裏には、高校までの英語教育や英語学習とは異なるものへの期待がありました。

6) 英会話、実用英語、英語文献講読のⅠとⅡの関連性が明確に示されていませんでした。

7) 英語Ⅰ-Ⅶ、英会話Ⅰ・Ⅱのシラバスは、英語で書かれていました。しかし、今後学生の英語力の低下を考慮すると、学生の多くが講座の目的を理解できないまま、授業に臨む可能性がより一層高くなると思われました。

8) 実用英語の内容は、ビジネス、国際関係に偏っており、とくに、国際文化関連分野の学生への配慮が欠如していました。

(5) プログラムに対する財的支援

プログラム運営・マネジメントでは欠かせない財的支援は、どうだったでしょうか。財的支援は、語学教育センターを通して、設備の維持費とともに、教材費なども計上されていました。しかし、英語教育プログラムは、プログラム運営、カリキュラム開発、教材研究のための予算措置などしていませんでした。ただ、専任教員に対して、学会参加などには、学部から補助金が出る仕組みになっていました。

以上、受益者が求めるもの、プログラム・ニーズ、講座の問題、講座の相互関連性の問題、ニーズを満たす（ギャップを埋める）過程で問題となる点や障害、財的支援の状況について考察しました。

4．改善策

英語教育プログラムのミッションと目標を達成するために、どのような改善が必要なのでしょうか。現実には、すぐ解決できる問題もあれば、大学の年間の予算スケジュールに合わせる必要のあるものもあります。さらに、問題によっては、中・長期計画を必要とするものもあるでしょう。この節では上述した問題点を踏まえプログラムの改善点について考えてみます。

コンテックストの視点から考えられる、英語教育プログラムの改善点を、(1) 改善のための予算確保と補助金、(2) 達成目標の設定、(3) モニタリング・シ

ステムの構築、(4) コミュニケーションの改善、(5) ネイティヴ教員の適切な雇用と配置、(6) カリキュラムの系統化の順に考察します。最後に、改善点に優先順位をつけてみました。文中の［( )-○］の表示は、第5節（p.99）の優先順位に連動しています。

(1) 改善のための予算確保

　実質的には、英語教育プログラムは、独自の財的基礎を持っていません。改善計画を推進するために、助成金の確保やプログラム内に補助金制度の確立が必要［2)-④］です。

(2) 達成可能な目標の設定

　英語教育プログラムが達成する目標と、英検やTOEFLの高得点保持者を輩出することとは区別されるべきであると思います。このプログラムの目的は、4年間で、実践で活用できる英語能力を学生に準備することです。仮に、英検やTOEFLで高得点を出した学生数が、大学執行部の期待する数でなかったとしても、学生が英語教育プログラムの目標を達成する可能性は、数の上でも質の上でも期待できると考えられます。しかし一方で、高いスコアを希望する企業や学生の要請もあり、これに応える必要もあります。したがって、英語教育プログラムの目標の延長上に、TOEFL、TOEIC、英検のコースを設置し、高学年の学生が必要に応じて履修できるようにすることが望ましいと考えます。

　以上のことを考慮すると、英語教育プログラムは、質的・量的にも判断できる「プログラムの目標」［1)-①］が準備されるべきでしょう。たとえば、つぎのようなプログラムの目標が考えられます。①4年次終了までに全員が英語の学習法を習得する、②4年次終了までに全員が各自の能力にあった英語コミュニケーション能力を身につける、③4年次終了までに50％の学生が中級レベルの英語運用能力を獲得する、④3年次終了までに40％の学生がTOEFL550点、英検準一級のいずれかに到達する。

(3) モニタリング

　学生の学習効果を測定し、学習成果の進度をモニターするシステムを開発［3］-③］することが求められます。各学年の終了時までに、どの程度英語能力が改善されたのか、学生たちにどんな影響（side effects）が及んでいるのか知る手段が早急に必要です。

(4) コミュニケーション

　早急に改善を必要としているものに、コミュニケーションの円滑化、活発化があります。とくに、教員の間のコミュニケーション、教員と学生のコミュニケーション、英語教育プログラムと学部教授会・執行部の間のコミュニケーションの活発化［1)-④］が緊急の課題です。

　歴史的に観ると、教員の間のコミュニケーションの欠如が、大学創設当初から英語教育の重大な問題であったことは明らかです。この問題が如実に表面化したのは、臨時定員増で、学生数が2倍になってからでした。学生数の増加に伴い、ネイティヴ教員と非常勤教員の雇用が大幅に増大し、コミュニケーションを取ることがさらに困難になったと思われます。1990年代半ばの新カリキュラムの下でも、この欠点は問題点として指摘されました。結果、ひと講座（コース）を2クラスで展開し、日本人とネイティヴがそれぞれ担当する形態から、日本人とネイティヴが別々に講座を担当する形態に変えることで、この問題の解決を図ろうとしました。しかし、その原因は追求されないままでした。

　英語教育プログラムと教員とのコミュニケーションを円滑にするためには、まず、英語文書での伝達手段［1)-②］を整えることが先決です。また、語学教育センターのスタッフとして、英語でコミュニケーションできる者を雇用すること［3)-②］も必要です。

　さらに、教員の中には、言語運用能力改善の教育方法に馴染んでいない教員もいます。彼らに意識的にこの方向へ目を向けて頂き、教授法を改善してもらう手段が求められます。その手段として、継続的な研修活動［3)-①］が考えられます。

　学生とのコミュニケーションを円滑にするには、すでにある英文シラバスに、

日本語文シラバスを併用［2］-①するか、もしくは、クラスで、学生にシラバスの内容を説明する措置を取り、学生が科目内容を十分熟知できるようにする必要があります。また、学生とのコミュニケーションの活発化を、授業評価を媒体に行なう方法もあるかと思います。

英語教育プログラムが、受益者の一部である学部教授会・執行部・教務部と継続的に情報交換する必要があります。それは、彼らに対して、英語教育プログラムが、どの程度彼らの利益を具現化できているか、デモンストレーションできる機会でもあります。また、プログラムに影響を及ぼす可能性のある政治的問題に迅速に対応するための情報収集の機会でもあります。

(5) 教員の雇用

教員を雇用する段階で、職務内容の混乱や失望感を最小限に抑えることが必要です。そのためには、彼らに対して学部や英語教育プログラムの期待、そして、彼らが得ることのできる利益をはっきり伝えることです。たとえば、職務に関わる件は文面化します。研修の機会や論文発表の機会、研究費や学会出張補助などを明文化することなどが考えられます。とくに、ネイティヴ教員に対する契約内容を英文で明確に提示すること［1］-③が不可欠です。

(6) カリキュラムの系統化

英会話Ⅰ・Ⅱ、実用英語Ⅰ・Ⅱ、英語文献講読Ⅰ・Ⅱの、それぞれの目的・目標を明確にし、シラバスに明示します。また、英語Ⅰ-Ⅶと英会話との関連や実用英語との関連を明確に［2］-②すべきです。もし、関連性がないのであれば、独立した講座（コース）であることを明記する必要があります。

実用英語Ⅰ・Ⅱについては、教授する知識量と英語訓練の量とのバランスを取って、実践英語能力を獲得できるよう改善［2］-③します。また、教授内容も、ビジネスに片寄らないような配慮が必要です。

以上、おもなプログラムの改善点について考察しました。表9-1（p.123）に、コンテックストの視点から見た環境とプログラム効力との関連、そしてプログ

ラムの改善点とプログラム効力との関係を示しました。この表からも推察されるように、効力のすべての側面からプログラムの改善点を見つけることは困難です。むしろ、「プログラムのどの部分を改善しようとしているのか」確認するという意味で、この表は役に立つと思います。みなさんの英語教育プログラムの問題を的確に把握するために、表9-1を活用してみてください。

5. 優先順位

最後に、改善点に優先順位をつけてみましょう。実行に際しての優先順位は、時間的制約を最も考慮しました。改善計画は、現行システムを維持しつつ実施に移されます。ですから、どのような計画も現行の活動に制限されてしまいます。そこで、①数か月以内に実行できるもの、②1年から2年以内で実行できるもの、③2年から4年かかるもの、の3段階に分け優先順位をつけ、ターゲットを絞り、順次課題を達成していきます。状況が変われば、当然、優先順位は入れ替わります。

1) 数か月以内に実行できるもの
　①プログラム目標の明確化、②英語文書による伝達手段の整備、③ネイティヴ教員に対する契約内容の明確化、④受益者との円滑なコミュニケーションの確立。

2) 1年から2年以内で実行できるもの
　①英語のシラバスと日本語のシラバスの併用、②各講座（コース）の関連性の明確化、③実践英語能力の向上に必要な「実用英語」の講座内容と教授方法の改善、④改善のための予算確保と補助金制度の確立

3) 2年から4年で実行できるもの
　①研修活動の充実、②語学教育センター・スタッフの英語能力の向上、③モ

ニタリング・システムの開発

まとめ

　この章では、事例をもとにコンテックストの視点から、英語教育プログラムの改善点を考察しました。学部創設以来、英語教育プログラムがどのような歴史をたどったのか、そして、何に影響を受けたのか考察しました。続いて、コンテックストの5つの質問に焦点を当て、英語教育プログラムの現状を把握・分析しました。その結果をもとに、プログラムの改善点について検討しました。とくに、改善のための予算確保、プログラムの具体的な目標の設定、学習達成の進度をモニターするシステムの確立、同僚とのコミュニケーションや学生や学部側とのコミュニケーションの必要性、教員の雇用手続きの改善、カリキュラムの系統化に関わる改善点を指摘しました。最後に、分析結果を踏まえ、改善点を短期、中期、長期計画に分類しまとめてみました。つぎの章では、インプットの評価の視点から分析してみましょう。

第8章

インプット手法からのヒント

　この章では、インプット評価の視点を使い、英語教育プログラム、カリキュラム、教育課程の運営の過程がどのように計画されていたのか見てみましょう。前述したように、CIPPモデルは、それぞれ独立した評価方法です。本書の事例では、コンテックストとインプット評価の視点を使いべつべつに報告書を作成します。しかし、データや資料の多くは、インプットとコンテックストと両方で使用されています。また、両方の評価方法は視点が異なるため、同じ資料でも使用される部分が異なることもあります。

　この章では、紙面の関係から、コンテックストで扱った資料、その説明は極力削除し、できるだけインプットの視点から観察される「計画性」に目を向けるようにしました。

　まず、第1節では、インプット評価の特徴と視点を再確認します。第2節では、英語教育プログラムの採り得た選択肢に言及します。第3節では、英語教育プログラムが目的・目標達成のために、どのような「計画性」を持っていたか考察し、問題点を指摘します。最後に、採用する選択肢に即して、計画段階で必要となるプログラムの改善点について考察します。

1. インプットの視点

　インプット・モデルの目的は、資源や解決策を選択し、予算、計画、人材配置のための計画（施策）の詳細を立案し、その実行過程をモニターする際の基

礎を準備することです。つまり、評価プロセスを通してつぎの2つの質問に答えることです。

○プログラムのもつ能力や計画にどんな選択肢があるか。
○選択した施策を実行する場合、手順、予算、計画自体は適切か。

　学部執行部は、これからの英語教育は、言語運用能力の向上を目的とするカリキュラムが必要であるという認識を持っていたことは、当時作成された答申書からも窺えます。しかし、どのように計画すればよいか、困難を感じていたようです。コンテックストによる評価結果は、表8-1に示したような短・中・長期の課題を指摘しましたが、中・長期の課題に対する方策が見いだせないままでした。スタッフルビームは、コンテックスト評価で充分でない場合、インプット評価手法の導入を示唆しています。

表8-1　コンテックストによるプログラムの改善点

数か月以内に実行できる事項	・プログラムの目標の明確化 ・英語文書での伝達手段の整備 ・ネイティヴ教員に対する契約内容の明確化 ・教授会、執行部、教務部との円滑なコミュニケーションの確立
1年から2年以内に実行できる事項	・改善のための予算確保と補助金制度の確立 ・英語シラバスに、日本語の訳文を添付 ・各講座（横の連携・縦の連携）の相互関連の明確化 ・「実用英語」を実践英語能力向上を目的とした内容へ変更 ・改善のための予算確保と補助金制度の確立
2年から4年かかる事項	・研修活動の充実 ・語学教育センターのスタッフの英語によるコミュニケーション能力改善 ・学生の英語能力の変化をモニタリングするシステムの開発

2. プログラム改善の選択肢

　当時、学生の（英語の）言語運用能力を伸ばす手段として、どのような選択肢が、私たちにはあったのでしょうか。当時の大学英語教育を取り巻く環境、この学部の英語教育への期待、学生の入学時の英語力、学習状況と学習環境、そして英語教員の能力・期待度などを推察すると、3つの選択肢があったと考えられます。

　選択肢①　既存のカリキュラムに修正を加え、継続する。
　選択肢②　当時、学内で勢いを持っていた「TOEFL、TOEICのスコアを伸ばすことが、言語運用能力に直結する」という考え方を軸に、TOEFL、TOEIC、英語検定試験の準備のためのカリキュラムに、全面的に変更する。
　選択肢③　既存のカリキュラムの構造は崩さずに、内容の系統化、目的・目標達成の手段（アプローチ）や方法を大幅に変更する。

　第3節で詳しく触れますが、選択肢①の場合、プログラムの使命を達成するプログラムの機能が計画されていなかったことがわかりました。したがって、プログラムの運用を考えたとき、仮に部分的に手直ししても、カリキュラム全体を改善、運用できる状態にはありませんでした。

　選択肢②の場合、カリキュラム全体の変更が必要でした。さらに、英語教員からの強い反対が予想されました。また、教授法も、既存のプログラムが要求するものと、相当に異なる教授法を採用することになり、これに対応できる教員の質と数を確保することは、この学部では地理的にも難しく、プログラム運営が困難な状況に陥る可能性が高かったといえます。

　結果、選択肢③が、最も現実的選択であると判断しました。選択肢③では、既存のカリキュラムの構造は崩さずに、各講座（コース）の目的・目標、内容をより明確にし、カリキュラム内容の系統性を図ります。各講座は、学生の英語力のレベルの違いによって、履修できる能力別クラスを準備し編成し直しま

す。さらに、英会話、実用英語、英語文献講読の講座に、あらかじめ履修許可を前提とした、TOEFL、TOEIC、英検のスコアの提示を行い、学生の学習意欲啓発の手段にします。また、教員に対しても、入れ替えを最小限に抑え、研修を重ねることで、教員の「修正されたプログラム」に対する対応能力を高めます。

つぎの節では、2つめの質問に照らして、当時のカリキュラム実施の計画性について見てみます。

3. 計画された「目的達成の手段」に見る問題点

まず、1990年代半ばに出された英語教育改善の答申を実行する手順、予算、計画が適切であったかどうか見ることにしましょう。そこで、本節では、1993年から1996年度までの履修要覧、答申書などの印刷物、学内での聞き取り調査をもとに、英語教育プログラムが、ミッション・目的・目標を、どのように達成しようとしていたのか分析します。そして、当時計画された実施の試みや、そこにみえる問題点を考察します。まず、(1) 英語教育プログラムのミッション（使命）を資料から確認します。つぎに、このミッションを達成するために、どのような実行手段が準備されていたのか、(2) カリキュラム、(3) 教科書・教材、(4) 教員（構成、モラール、採用）、(5) 学生の英語能力、(6) 施設、(7) 財源確保の面から考察します。

(1) プログラムのミッション（使命）

学部は、国際的視野と実践英語を基礎に、国際関係を深く理解でき、行動力を持った人間の育成をミッションとして設立されました。また、1990年代はじめに出された英語教育改革委員会の答申書の内容を踏まえると（表7-1）[p.85]、英語教育プログラムの目的は、実践志向型の英語力、つまり言語運用能力の獲得でした。この目的の中の「実践」は、通常の生活に必要な英語力を越え、学問的内容や地域研究のためのフィールド・ワークに不可欠な語学力を意味して

いました。以上の点から、英語教育プログラムのミッションは、異文化理解の上に、4つのスキルズ（reading, speaking, writing, and listening）を改善し、学生の言語運用能力の向上を図ることだと考えられました。

(2) カリキュラム

「学生の言語運用能力と異文化理解の向上を図る」という使命を達成するために、表7-2（p.87）に示したようなカリキュラムの構造化が行われました。ここで、カリキュラムの内容、構成、運用が、どのように計画されていたのか分析を試みてみます。

1) カリキュラムの運営

カリキュラムの運営に関しては、計画された運用形態が存在するかどうかということですが、日常のカリキュラム運営は、各教員のクラス運営に依存していました。つまり、年度のはじめに、シラバス、教材などが提示されますが、その後、学年末まで、カリキュラム運営は、各教員の裁量に任されていました。唯一運営機能として計画されていたのは、語学教育センターを介して、規則の変更、次年度のカリキュラム、担当教員の割り当てなど、前年度末に行われる次年度の準備に関するものだけでした。つまり、組織体としての運営形態は存在しなかったと考えられます。

2) 内容の周知

第一、第二外国語としての英語、英会話ⅠとⅡの共通シラバスは、英語で書かれていました。しかし、現実には、入学者の英語能力の低下が始まっており、英語学習に興味を持てなかった学生が増え始めていました。したがって、英語のシラバスを理解して講座に望む学生数は減少すると考えられました。今後、講座内容を学生に周知するためには、英語のシラバスのほかに、日本語のシラバスを併用することや、講座開始直後に、教員が講座の目的・目標や内容を学生に周知するというルールの必要性が認められました。

3) 英語Ⅰ-Ⅶ

　英語Ⅰ-Ⅶの内容は、政治、経済、社会、文化に関連する知識を獲得することを目標にしていました。また、第1学年の各講座には、単語数を2,500から5,000に増やす目標が明記されていました。第2学年では、7,000に増加することが目標とされていました。つまり、英語Ⅰ-Ⅶで、政治、経済、社会、文化の全般的な知識を扱い、4スキルズのトレーニングを行い、語彙力を強化するという意図を持っていました。少なくとも、語彙力のレベルでは、英語Ⅰ-Ⅳの上に英語Ⅴ-Ⅶを履修する積み上げを計画していたようです。

　しかし一方で、獲得した単語数を英語力改善の目安にすることは、それ自体評価することが難しいと思われました。入学して来た時点で、高校時代に学生がすでに獲得している単語数やその種類は、学生によってすでに異なっています。

　また、学生に対して、全講座が言語運用能力を向上させることを目的としていることが記載されていませんでした。この目的を記載せずに、英語Ⅰは、ListeningとSpeaking、英語Ⅱは、Readingと明記すれば、教員と同様、学生も、各講座の目的は特定のスキルに限定したものと間違って理解する恐れがありました。たとえば、文法を教授する場合、文法の分析に終始し文法の実際の活用練習を怠ることになるかもしれません。あるいは、正解のみを追い求めるようなテスト形式の授業を行ってしまう可能性もあります。

　さらに、英語Ⅵ（composition）と英語Ⅶ（discussion）のコースの教員配置を見ると、英語Ⅵのほとんどの講座は、ネイティヴ教員が占め、英語Ⅶのクラスは日本人教員によって占められていました。両講座とも2年間の英語教育の節目として、重要な位置づけがされていました。しかし、担当講座を決める際、日本人かネイティヴかという判断基準のみで行われていました。

　なぜ、このような配置にしていたのでしょうか。それは、ある英語教員によると、日本人教員は、作文の添削に時間がかかり、ネイティヴ教員が行えば時間的に負担にならないからだということです。代わって、英語Ⅶは、日本人教員が担当するということになったようです。ある意味では、教員の得意や能力を考えた配置になっていないことがわかりました。

4）英会話

　英会話Ⅰ・Ⅱの内容を見ると、まったく同じ内容になっており、両講座の目的は、自然の日常会話に慣れること、学生の学んでいる専門に関する内容を討論することでした。しかし、具体的な達成目標は欠如しており、プログラムとして目標の達成方法も、考えられていませんでした。

　構造面から推測すれば、表7-2 (p.87) が示すように、英会話Ⅰで習得した英語力（会話力）を、さらに改善する意図を持って英会話Ⅱが設置されているとも解釈できますが、内容面からは、その意図を推測することはできませんでした。

5）実用英語

　構造面から見ると、実用英語Ⅰ・Ⅱは、表7-2が示すように、3・4学年で開講しています。実用英語Ⅱ（4年次開講）の2クラスは、より高度な英語のスキルを要求しているように読み取れます。しかし、シラバスの中には、これに関する明確な記述はありませんでした。したがって、レベル的に、4年次開講の実用英語Ⅱが3年次開講の実用英語Ⅰの上に来るのか、実用英語Ⅰと実用英語Ⅱの間にはレベル的な差異はないのか不明でした。

　さらに、実用英語Ⅰ・Ⅱは、国際関係、ビジネス、経済に関連するものがほとんどでした。しかし一方で、50％の学生が国際文化関連専攻で、多くの学生が異文化などに興味を持っていました。加えて、英語Ⅰ-Ⅶでも文化面を扱ってきている点を踏まえると、実用英語の内容が偏っていることが、構成上の問題として指摘されました。

　また、実用英語Ⅰ・Ⅱは、基本的には使える英語を身につける講座でした。しかし、教授内容（知識の量）が多すぎるとも考えられ、訓練に十分な時間が取れていないと思われました。

　実用英語Ⅰに目立ったのですが、質問形式の訓練、聞き取り能力を高める発音やイントネーションの指導が、3年次に改めて求められていました。これは、2年次終了までにこれらの訓練が十分できていない事実の裏返しであるとも捉えられます。

6) 文献講読

　両学科とも、英語文献講読ⅠとⅡの関連性を明瞭にすべきです。それぞれ、独立しているか積み上げになっているのか、構造上の意図がはっきりしませんでした。

　また、英語文献講読と実用英語との関連性も明確にされるべきです。学生によっては、英語文献講読Ⅰで、「国際関係」関連の内容を学んだ後、「国際関係」を扱う実用英語Ⅱの講座を履修することも考えられます。残念ながら、このような関連性については、どこにも言及されていませんでした。

(3) 教科書・教材

　教科書・教材の取り扱いについては、あえて、プログラムのミッション達成のために、計画されたという点は見受けられませんでした。教科書の選択は、教員の自由裁量に任されていました。唯一、カリキュラム構造上、気をつけていた点は、1年次で使用した教科書は、2年次では使用しないということでした。しかし、この約束ごとは、必ずしも教員の間で守られてはいませんでした。さらに、各講座内容と教科書との関連性についても、特段注意が払われていたとはいえません。教材については、専任教員の購入要求は、原則的に認められていましたが、約71％を占める非常勤については、その限りではありませんでした。

(4) 教員構成、モラール、採用

　つぎに、教員の構成、モラール（士気）、採用方法が、英語教育プログラムのミッション、各講座の目的・目標を達成するために、どのように計画されていたのでしょうか。ここでは、この点について考察します。

1) 教員構成

　教授陣の構成を見てみると、表7-3（p.87）に示すように、日本人・ネイティヴ、専任・非常勤をあわせて38名でした。日本人の専任が6名、ネイティヴの専任が5名、日本人の非常勤が18名、ネイティヴの非常勤が9名でし

た。ネイティヴ教員は全体の37％を占めていました。そのうち、日本人専任6名、ネイティヴ専任1名は、表7-4（p.87）に示すような専門分野を持ち、それぞれに英語教育講座以外の専門科目の講座を担当していました。

したがって、英語教育プログラムのミッションに照らしても、4名のネイティヴの専任教員、9名のネイティヴ非常勤への依存度はきわめて高いと推察されました。

2）モラール（士気）

　教員のモラール（士気）向上について、どのような施策が取られることになっていたのでしょうか。残念ながら、この点については、プログラム運営のどの部分にも言及されていませんでした。

　ネイティヴ教員の間には、不満が増大していました。彼らの質問やリクエストに対する、学部や語学教育センターの対応に不満を持っていました。学部や語学教育センターから出される連絡事項は、すべて日本語で書かれており、ネイティヴ教員には、大学内で何が起きているのか、情報が適切に伝わっていない現状もありました。

　彼らは、また、契約事項と現実の労働条件の違いにも不満を持っていました。契約文書も日本語文で、契約に立ち会った大学側の者による英語での応対を信じる以外に、契約事項の確認のしようがないというのが彼らの本音でした。

　つまり、彼らは、自分たちは正当に扱われていないという認識を持っていたようです。また、あるネイティヴ教員は、学生のために、いろいろなことをしたいのだが、学部に打診しても応答がないと、失望感を隠し切れないようでした。ネイティヴの専任教員の中には、1年目の任期末で辞めて帰国した者もいました。

　学生の言語運用能力向上を図るためには、講座の外での指導はきわめて重要です。ネイティヴ教員が40％近くを占める状況は、学生に対する英語学習指導において、よい環境を準備できる可能性を持っていました。中でも、4人のネイティヴの専任教員の存在は大きいといえます。しかし、上述したよ

うな不満が蓄積されており、教員の士気は衰え、学生の学習指導や、教員の自発的な指導は期待できない状況でした。

3) 教員の採用

　つぎは、教員の採用についてです。教員は、専任・非常勤を問わず、原則、修士号以上の学位を有し、大学での教授経験があることが条件でした。ネイティヴの専任教員は、雇用上「専任扱い」という地位にあり、任期は1年ごとの契約で3年まで、その後の更新はないという雇用条件でした。彼らを採用する際、基本的には「海外から採用する」というスタンスを取っていました。その理由は、おもに2つに集約されます。積極的側面では、海外から採用することで、常に新しい英語教授法を英語教育に生かすことができるということです。消極的側面は、ある教授によると、日本に在住するネイティヴ教員の中には、日本人のずるさを身につけ大学から恩恵を受けようとはするが、責任を果たさない者もいるというものでした。

(5) 学生の英語能力

　学生の英語能力を踏まえたクラス編成に関して、どのような計画を立てていたのか見てみることにしましょう。クラス編成には、学生の英語能力に関する情報が必要です。当時、これに関する唯一のデータは、入学時に行なわれた実力試験の結果だけでした。

　表7-5 (p.88) を見ると、1994から3年間は、学生の英語能力は、ほぼ安定した状態にあることがわかります。これをもとに、クラス編成が行われていたわけですが、12クラス中、実力試験の結果をもとに、2つのクラスに、上位約70名（1クラス35名）を登録させ、ほかの学生は、残りの10クラスに、約30〜35名ずつ分けられていました。

　このクラス編成方法は、2つの考え方にもとづいていたようです。まず、上位2クラスの学生の英語力を、短期間で改善し、言語運用能力を十分身につけた学生を輩出する。2つ目は、「できない学生はできる学生を見て奮起し結果としてクラス全体の実力が上がる」という考え方でした。一般に、できない学生

ができる学生を見て奮起する可能性が高くなるのは、できる学生ができない学生にとって達成可能な目標になり得たときであると思われます。しかも、このことが成立するためには、クラス全員が英語を学びたいという強い意志を持っていることが前提条件です。

表7-5からもわかるように、トップの2クラスを除けば、クラス内の学生の英語力には、最大で30点近くの差がありました。能力別編成をするにしても、もう少し細かい編成方法を考案する必要がありました。

しかし一方で、学生個々の英語学習への意欲の違いを無視すれば、能力別編成が、適切に機能しないかもしれません。たとえば、実力試験の結果、トップのクラスに指定された学生の1人が、自分のペースで英語を学びたいと申し出てきました。本人は、少しレベルの低いクラスへの移動を希望しています。しかし、プログラム側は、個別対応はしないと彼の申し出を退けました。この学生は、実力があるにもかかわらず、学習意欲を啓発されることはないかもしれないということです。

(6) 施設

学生の言語運用能力と異文化理解向上のために、どのような施設活用が計画されていたのでしょうか。表7-1を見ると、1980年代はじめに、オーディオ・ヴィジュアル・センターが設置されました。その後、名称を語学教育センターに変え今日に至っています。

センターは、オーディオ関連の機器の貸し出し、英検などの外国語検定試験会場、修繕などの維持サービスをおもに扱う場所でした。このほかにも、教員への機器操作の支援、自習室の管理、語学教育用教材の購入・保管、ビデオ・テープ、CD教材の貸し出しを行っていました。

センター内には、語学ラボが4教室、自習室が1室、マルチ・メディアルームが1室、放送スタジオと事務室が設置されていました。この点からすると、この学部は、当初から、学生の語学運用能力と異文化理解の向上を目指していたことがわかります。

しかし、1990年代初頭から、ネイティヴの非常勤や専任教員の採用数の拡大

に伴って、英語教授法が、ラボ中心の教授法から学生と教員のインターアクションを中心にしたコミュニケーションの授業形態に移行していったようです。

また、ラボの使用方法にも問題があったようです。教室数が不足しているという理由で、ラボにも、講座が埋まり、毎日午前中は、空き室のない状態になっていました。したがって、教員が、学期中に数回なり使用したいと思っても、学期始めに、あらかじめラボに割り当てられていなければ、すでに満室のため、ラボが使用できない状態でした。

さらに、当時、センターでは、3名のスタッフを配置していましたが、英語でのコミュニケーションに問題があることがわかりました。英語教育プログラムから英文で伝達すると同時に、彼らの英語での対応が求められました。

(7) 財源確保

最後に、英語教育プログラムへの財源確保は、どのように計画されていたのでしょうか。全般的に言うと、当時は、学部財政は、比較的安定していたといえます。そのこともあって、たとえば、教材購入に関しては、ほとんどカットもなく「例年通り」という言葉で集約できる状態でした。人件費は学部、施設維持費は語学教育センターの予算に組み込まれていました。問題は、このため効率性とコストの関係が見えない状態になっていたということです。

以上、第3節では、プログラムの目的達成のために計画された達成手段に見る問題点を、ミッション、カリキュラム、教科書・教材、教員構成、教員のモラール、教員の採用、学生の英語能力、施設、財源確保の側面から考察しました。

4. プログラムの改善点

英語教育プログラムの改善には、第1節で述べた選択肢3を選択することが妥当だと判断しました。つまり、既存のカリキュラムの構造は崩さずに、内容の系統化、目的・目標達成の手段（アプローチ）や方法を大幅に変更するというものです。

さらに、「英語教育プログラムの取り組み」をインプット評価の視点から分析した結果から、「系統性」、「学習意欲啓発」、「教員の士気の高揚の手段」が、プログラム運営に欠けていたことがわかりました。この点を踏まえ、冒頭で述べたコンテックスト評価の視点で指摘した中期・長期の課題（表8-1）を再吟味すると、プログラムの計画段階において、下記の9点が課題になると考えられます。

①どうすれば、教員の適正を配慮し、教員を配置することができるか。
②どのように講座の相互関連を明確化することができるか。
③実践的英語能力向上を目指す「実用英語」は、どのようなものか。
④カリキュラムを運営する上で、どのような組織体を準備すればよいか。
⑤学生の英語能力の多様化に対応するには、どんな方法があるか。
⑥教科書を選定するには、どのような手順や手続き方法があるか。
⑦どのような研修システムが可能か。
⑧学生の英語能力の変化をモニターするシステムは、どのようなものか。
⑨どのような施設を必要とするか。

(1) 教員の配置

　教員の配置を考える上で、まず、プログラムのミッションを達成するために必要な教員を採用することが大前提です。その上で、英語教員の専門、得意とする英語教育分野などを活かし、担当する講座を決めることが求められます。また、専任教員が学習指導やプログラム運営などに参加できるような施策も準備する必要があります。

(2) 講座の相互関連の明確化

　表7-2（p.87）で示した英語教育プログラムの各講座が全体から見て、どのような位置づけになるのか、整理してみる必要があります。講座の位置づけを明確にすることで、学生がどの講座を履修すれば、どのような能力が身につき、どのような知識が身につくのか理解した上で、英語力改善に取り組むことがで

きます。これもまた、プログラムのミッションや目的・目標を達成する具体的方策であると考えます。

(3) 実用英語

講座の中でも、実用英語は、カリキュラム上重要な位置を占めています。このプログラムのミッションは、実践思考型の英語能力、つまり言語運用能力の獲得と学問分野や地域研究におけるコミュニケーションの手段の獲得ということを謳っています。そうすると、実用英語の講座は、英語の実践面と英語文献講読のようなアカデミック英語の橋渡しをする講座であることが分かります。したがって、実用英語Ⅰ・Ⅱは、英語実践のトレーニングと同時に、アカデミックな内容を含むことが要求されます。また、学生のニーズによって、国際関係、社会科学、文化などの講座内容を準備する必要があります。

(4) カリキュラム運営のための組織

講座の相互の関連を維持し、継続的にモニターし、問題が見つかれば、講座の目的・目標に照らして修正する機能が、現行では存在していませんでした。英語教育プログラムが組織体として形成されるまでは、困難が予想されますが、この組織構築に向けて努力する必要があります。

(5) 能力別編成

入学生の英語能力の多様化に伴い、英語教育プログラムは、より細かい能力別編成方法を考え出す必要に迫られています。また、学力の多様化は、成績を決定する基準にも影響を与えます。能力別編成の下では、クラスごとに成績をつければ、上位クラスと下位クラスの成績の基準が極端に異なることが予想されます。学生の英語力に合った授業を提供する意味でも、学生の英語力とクラスでの成績との関連を明確にする必要があります。

(6) 教科書の選定手続き

教科書の選択は、各教員の自由裁量に任されていましたが、そこには、現状

維持（status quo）を容認する強い力が働いていました。問題は、どうすれば、教員に自主的に、講座（コース）に適した教科書を選択してもらえるか、学生の能力に合った教科書を選択してもらえるか、ということでした。つまり、「コースと教科書内容の適合性」、「学生の技能レベルと教科書内容の適合性」、「教員のティーチング・スキルの特徴と教科書の特徴の適合性」をそれぞれの教員が再考できる環境を準備することだと考えます。そのため、教科書選択委員会を設置し、非常勤教員にも委員として参加してもらい、適切な手順を踏んだ教科書選定を実施することが求められます。

(7) 研修システム

　研修をとおして、英語教育プログラムは、目的・目標達成のため、何ができるでしょうか。研修は、私たちがプログラムの抱える問題を認識できるよい機会であり、解決方法と未来のプログラムのあり方を探ることができる機会でもあります。さらに、授業方針、運営方針を支える考え方や価値観（組織文化）を創造する場でもあります。そのためには、研修は、教員が相互に学び合うことのできる「学習の場」である必要があります。したがって、講演や発表方式の活用は最小限とし、一般的には、ワークショップのような学習会形式を取ることが有益だと思われます。

　研修の目的に目を向けると、まず、①プログラムに関する情報やデータを共有し、プログラム運営に精通します。この場合のプログラム運営には、カリキュラム、授業方法、教材開発、学生指導、学生の成績管理の方法とその利用方法、授業評価の扱い、人事事項、予算計画・実行など、運営のほぼ全体を含みます。さらに、②プログラムに関わる全般の問題点を探り、そして③問題の解決方法を探ります。①から③を教員同士の学習と協働をとおして行い、問題解決手段やアイデアを共有します。最後に、④解決手段の実施方法を探ることになります。

　つまるところ、研修それ自体が、教員が個々の教授方法の特徴や、プログラムが教員に期待していることを認識していくプロセスであるといえるでしょう。

(8) 教育結果のモニタリング

現行の英語教育プログラムは、教育効果を4年間に渡ってモニターするシステムを持っていませんでした。このシステムを構築し活用することで、より具体的な達成目標を定めることができると思われます。まず、モニタリングについて、その必要性、システムの構造、結果の活用、結果の判断について明確な方針を立て、システムを構築することが求められます。

(9) 施設

1980年代のはじめ、すでにオーディオ・ヴィジュアル・センターを設置し、学生の英語コミュニケーション能力の向上に努めてきたようです。しかし、施設活用の現状を見る限り、必ずしも十分な活用を目的としてセンターが運営されて来たとはいえないようです。

以上、第4節では、インプット手法からみえるプログラムの改善点について分析しました。とくに重要であると考えられる教員の配置、講座の相互関連、実用英語、カリキュラム運営、学生の英語力、教科書の選定、研修システム、教育課程のモニタリング、施設について考察しました。

まとめ

この章では、インプット評価の視点を活用し、英語教育プログラムのミッション、目的、目標を達成するために、どのように構造・機能が計画されていたのか、事例をもとに考察しました。

第1節では、インプット評価とコンテックスト評価の関連、特にコンテックストによる中・長期計画に対する指摘との関連を扱いました。続いて、受益者の意見や利益の観点から、プログラムの改善方法における3つの選択肢について考察しました。第3節では、英語教育プログラムが、その目的・目標を達成するために、どのように実行していたか、その裏にある「計画性」を考察し、そこにみえる問題点を指摘しました。そして「既存のカリキュラムの構造は崩

さず、内容の系統化、目的・目標達成の手段（アプローチ）や方法を大幅に変更する」という選択肢③（p.103）を選択しました。

　最後に、選択肢③にもとづいて改善点に言及し、計画された実行手段がプログラムのミッション、目的、目標を適切に達成するための改善点に言及しました。

　つぎの章では、英語教育プログラムを取り巻く環境、プログラムの効力、プログラムの改善との関係について考察し、実際のプログラム改善へ向けた取り組みを概観します。

第9章

プログラムの改善点と効力の関係

　ところで、本書では、英語教育プログラムの効力を高めることで、学生全体の英語力の向上を目論んでいます。そこで、1つ疑問が出てきます。これらの改善に取り組むことで、私たちは、一体プログラムの、どの部分からプログラムの効力を高めようとしているのでしょうか。この章では、改善点の整理をする一方で、この疑問に焦点を当てて考えてみましょう。

　まず、第1節では、コンテクストとインプット評価の視点から導き出されたプログラムの改善点を短期、中期、長期計画に沿ってまとめます。第2節では、プログラムの効力、プログラムを取り巻く環境、プログラムの改善点との関係を整理し、プログラムの効力向上について考察します。第3節では、プログラムの改善点に沿って、実施段階で「達成した課題」と「実施途中、ないし実施できなかった計画」について言及します。

1. 導き出されたプログラムの改善点

　第7章で扱ったコンテクストの視点から導き出した優先順位に従って、2つの評価の視点から導き出したプログラムの改善点を、再度まとめてみました。すると、数か月以内で実施できる項目、1年から2年ぐらいかかる項目、2年から4年ぐらいかかる項目の、短期、中期、長期計画は以下のようになります。

(1) 短期計画目標（数か月以内）
1）プログラムの目標の明確化
　学部ミッション、英語教育プログラムのミッション、ヴィジョン、目標をはっきりと表現し、4つの関連性を明確にします。また、英語教育プログラムの目標の延長線上に、TOEFL、TOEIC、英検の講座を設置し、高学年の学生が必要に応じて、活用できるようにします。プログラムの達成目標の測定には、量的、質的基準を併用します。

2）伝達手段の改善
　学務部、語学教育センター、英語教育プログラムは、英語文書と日本語文書を併用して連絡事項を伝達するようにします。

3）教員との契約内容の明確化
　専任・非常勤を問わず、プログラムが期待すること、彼らが得る利益を明確に提示します。日本人教員、ネイティヴ教員を問わず雇用の際は、契約事項の内容・手続きを明確にします。

4）学部教授会、執行部、教務部とのコミュニケーション
　定期的なプレゼンテーションを行うなどして、学部教授会、執行部、教務部との継続的なコミュニケーションを維持します。そこで得た情報、実施のプロセスや結果に対する反応をプログラムの修正の際の材料にします。また、このプレゼンテーションをプログラムのデモンストレーションの機会として活用できるようにします。

(2) 中期計画目標（1年から2年以内）
1）プログラム改善のための予算確保
　英語教育プログラムの改善計画を実施するに当たり、予算を確保します。また、教員やスタッフの活動に対して金銭的補助を行うための補助金制度を確立します。

2）英文・日本語によるシラバス作成

　　学生と教員とのコミュニケーションを改善する一助として、英語と日本語の共通シラバスを併用するか、あるいは、授業中、学生がシラバスの内容を十分熟知できるような手段を取ります。

3）教員の適正配置

　　英語教員の専門、得意とする英語教育分野などを活かし、担当する講座を決めます。また、専任教員が学習指導、プログラムの運営などに参加できるようにします。

4）講座の相互関連の明確化

　　各講座の目的、目標を設定し、英語Ⅰ-Ⅶ、英会話、実用英語、英語文献講読の関連を明確にします。また、各講座の全体の中での位置を確認できるようにします。とくに、実用英語Ⅰ・Ⅱは、英語のトレーニングと同時に、アカデミックな内容を含みます。さらに、プログラム・ニーズに従って、国際関係、社会科学、文化の内容の講座を準備します。

(3) 長期計画目標（2年から4年で実行）

1）カリキュラムの運営組織の構築

　　年間を通して、英語教育プログラムのミッションとヴィジョン、そしてプログラムの目標を達成するために、カリキュラムを運営する仕組みを準備します。

2）教科書選定の手続き方法の確立

　　選定基準や選定手順を考案します。適切な選定基準や選定手順を考案するために、教科書選定委員会を設置し、非常勤教員にも参加してもらうことにします。選定基準を作る際、講座と教科書内容の適合性、学生の技能レベルと教科書内容の適合性、教員の教授能力・特徴と教科書の特徴の適合性を考慮します。

3）研修活動の充実

　研修の目的は、プログラムが抱える問題とその解決策を話し合い、授業方針、運営方針を支える価値観、未来のプログラムのあり方を創造することです。研修は、教員が相互に学び合う場であると定義し、年2回の研修（ワークショップ）を開催します。

　研修の目標は、①プログラムに関する情報・データを共有し、プログラム運営に精通すること、②プログラムや講座に関わる問題を探ること、③問題の解決方法を探ること、④解決手段の実施方法を探ることなどです。たとえば、実践英語能力の向上に必要な「実用英語」講座内容と教授方法の改善も重要な課題になります。

4）語学教育センターのスタッフの英語能力の向上

　英語文書での伝達手段を整えます。また、語学教育センターのスタッフの英語コミュニケーション改善を行います。

5）施設利用

　センターに設置された4つのオーディオ・ラボと自習室を最大に活用する方法を探し、稼働率の向上を目指します。また、ハイ・テクノロジー導入を視野に入れた教室整備を行います。

6）教育結果のモニタリング

　モニタリング・システムによって収集したデータは、学生の英語能力の伸びの確認、学習指導や授業準備、プログラムの将来構想に役立てることができます。学生も定期的に自己努力の結果を確認でき、モニターの結果をもとに、教員とその後の学習方法の改善について話し合うチャンスができます。

7）組織的な能力別編成の仕組みの構築

　どのレベルで学習するかは、本人の実力をもとに、可能な限り学生本人の意思を尊重するような学習環境を整えます。そのような環境の中で、着実な

英語力向上と「やる気」の啓発を行います。

　以上、コンテクストとインプット評価の視点から導き出したプログラムの改善点をまとめました。つぎに、プログラムの効力、プログラムを取り巻く環境、プログラムの改善点の関係について考えてみましょう。

2. 環境、プログラム効力、プログラムの改善点との関係

　上記のプログラムの改善点を、プログラムを取り巻く環境（第3章）とプログラムの効力（第2章-6）との関係で捉えたものが、表9-1から表9-4です。表9-1は、コンテクスト評価の視点の場合を示し、表9-2は、インプット評価の視点の場合を示しています。プログラムを取り巻く環境を横に、プログラムの効力の項目を縦に列挙してあります。そして、縦横に交わった箇所が、評価の視点から分析した部分です。右端には、分析した結果、導き出されたプログラムの改善点を提示しました。

　表9-1と表9-2は、英語教育プログラムの改善箇所とプログラム効力の改善された部分がひと目でわかり、つぎの改善の基礎にすることができます。4・5年後に新たな改善計画を立案する時には、現在中心になっているネイティヴの専任教員は契約切れで、この学部にはおりません。私自身も、ディレクターとして責任を負ったプログラムの初期段階の改善は一応完結しますので、つぎのディレクターにバトンタッチしているでしょう。しかし、プログラムの改善はつぎのステージに進まなければなりません。その時には、表9-3、表9-4に示したプロセスとプロダクト評価の視点が活用できると思います。その時、表9-1と表9-2の内容は、改善計画の基礎になることでしょう。そして、さらなる英語教育プログラムの効力のアップが期待できます。結果、プログラムの目標の達成、新たな目標の設定、学生の英語能力の改善が進むと考えられます。

　ただ、表9-1と表9-2からもわかるように、一点注意すべきことがあります。網掛けをした政治関連の項目について、両方の評価の視点からは、十分に把握

第9章　プログラムの改善点と効力の関係　123

表9-1　コンテクストに見る環境、プログラムの効力、プログラムの改善との関係

プログラムの効力	プログラムを取り巻く環境	財的支援	組織	施設	意思疎通	人材適応	政治	学生	歴史	プログラムの改善
カテゴリーI（公の目的）	1. プログラムの使命・目標が明確か。	✓							✓	プログラムの目標
	2. 教員、スタッフ、ディレクターの期待される行動が明確か。					✓				ネイティブ教員の契約
	3. 教員、学生、スタッフ、ディレクターの期待される能力が明確か。				✓	✓		✓		コミュニケーションスタッフの英語力　学生達成のモニター
	4. 公の意思決定手続きが明確か。				✓	✓				英語文書による伝達
	5. 実行する上での方針が明確か。			✓	✓	✓			✓	短・中・長期計画
	6. カリキュラムが適切（各講座・コース）か。		✓	✓						目的と内容の関連
	7. 授業、講座（コース）間の関連性が明確か。		✓	✓						カリキュラムの系統化
	8. 教材が適切か。		✓							教科書の選定手続き
カテゴリーII（運用上の目的）	12. 適切な予算、施設、教員（数・質）が確保されているか。	✓		✓		✓			✓	改善の予算確保、補助金制度の確立、オーディオ教室の稼働率向上、テクノ改善
カテゴリーV（外部環境・価値観との緊密性）	21. 学部・大学の使命・プログラムの使命との関連が明確か。		✓		✓	✓				
	22. 学部・大学は適切な施設を持っているか。	✓	✓	✓	✓	✓		✓		有効な施設利用
	23. 短期、中期、長期の明確な計画を持っているか。	✓	✓	✓	✓					優先順位

124 第Ⅱ部 問題・課題をどう捉えるか

表9-2 インプットに見る環境、プログラムの効力、プログラムの改善との関係

プログラムの効力＼プログラムを取り巻く環境	財的支援	組織	施設	意思疎通	人材適応	政治	学生	歴史	プログラムの改善
カテゴリーⅠ（公の目的） 4. 公の意思決定手続きが明確か。		✓		✓					カリキュラム運営、目標
5. 実行する上での方針が明確か。	✓	✓	✓		✓				教員の配置、研修システム
6. カリキュラムが適切（各講座・コース）か。		✓					✓		モニタリング能力別編成
7. 授業、講座（コース）間の関連性が明確か。		✓							講座の関連性実用英語
8. 教材が適切か。		✓			✓		✓		教科書選定

第9章 プログラムの改善点と効力の関係 125

表9-3 プロセスに見る環境、プログラムの効力、プログラムの改善との関係

		プログラムの改善							
プログラムの効力		財的支援	組織	施設	意思疎通	人材適応	政治	学生	歴史
カテゴリーII (運用上の目的)	9. 教員、学生、スタッフは課題を達成しているか。								
	10. 教員、学生、スタッフ、ディレクターの間のコミュニケーションが円滑に行われているか。								
	11. 教員、学生、スタッフ、ディレクターの間で行動、気持ちの上で、調和が取られている。								
	12. 適切な予算、施設、教員（数・質）が確保されているか。								
カテゴリーIII (運営機能)	13. 教員全員が参加できる意思決定過程が機能しているか。								
	14. クラス、講座（コース）、プログラムが機能しているか。								
	15. 適切な雇用がなされているか。								
	16. 事務上の手続きは、明確で迅速であるか。								

126　第Ⅱ部　問題・課題をどう捉えるか

表9-4　プロダクトに見る環境、プログラムの効力、プログラムの改善との関係

			プログラムを取り巻く環境						プログラムの改善
			財的支援	組織	施設	意思疎通	人材適応	政治	学生	歴史	
プログラムの効力	カテゴリーⅣ (教員/学生と教育の結果との関係)	17. プログラムで教育/学習していることに誇りを感じているか。									
		18. 教育・学習意欲が高いか。									
		19. 教員、スタッフ、ディレクターは、職務に献身的であるか。									
		20. 教育/学習に自信を持っているか。									
	カテゴリーⅥ (学生全体の英語能力)	24. 言語運用能力が向上したか。									
		25. コミュニケーション（意思疎通）に必要な異文化理解の能力が向上したか。									
		26. プロダクティヴ・スキルズ (Speaking/Writing) が向上したか。									
		27. 学生各自に合った学習方法を確立できたか。									

できませんでした。この項目は、グループや個人の力関係や影響力を扱った項目です。現場では、改善計画の遅れ、止むを得ない変更などは、時として、これらの力関係に大きく影響されます。このような影響をできるだけ早く察知するためにも、学部内の英語教育に関わる意思決定過程とは別に、そのほかの部署や個人と情報交換、意見交換できるネットワークをもつことが有効です。

このような政治的影響は、ネガティヴな影響と捉えがちですが、表9-1から9-4の中の「政治関連」の項目との関連で、プログラムの効力を高める要因を発見するようなポジティヴな側面もあります。それは、思わぬところからのサポートだったりするわけです。見方によっては、学生の英語力改善に貢献する要因だともいえます。

3. 英語教育プログラム改善へ向けた取り組み

私たちは、第1節でまとめたプログラムの改善を短期、中期、長期計画にもとづき実施していきました。その実行過程ではいろいろの問題が起こりました。この節では、まず、実施が比較的にスムーズにいった計画項目について説明します。まだ、実施途中の項目の中で、とくに重要だと思われるもの、あるいは、計画したが実施に至らなかったものについては、第Ⅲ部ですこし詳しく説明します。

(1) 実行が完了した項目
1) 短期計画目標（数か月以内）
　①連絡事項伝達手段の改善
　　教務部、語学教育センター、英語教育プログラムが発信するすべての連絡事項を英語文書と日本語文書にすることはできませんでしたが、語学教育センターと英語教育プログラムの連絡については、すべて英語と日本語で行うようになりました。
　②教員との契約内容の明確化

日本人の専任・非常勤については、学部全体の雇用体制もあり、とくに契約の手続きまで踏み込むことができませんでした。しかし、専任のネイティヴ教員の採用の際に、契約内容を詳細に掲載し、年俸や期待する責任・役割を提示するようになりました。

2）中期計画目標（1年から2年以内）
①プログラム改善のための予算確保
　当面必要なものは、改善に向けたプランニングを予定通り実施できるだけの金銭的サポートでした。この意味で、財的確保と教員やスタッフの活動に対する補助金制度の確立が最も重要でした。そこで、改善のための「2年プロジェクト」として大学から研究費をいただき、改善のための金銭的サポートに使用しました。プロジェクトの結果は、論文と2つの報告書にまとめました。報告書の1つは、修正が加えられ、英語Ⅰ（講座）のテキストとして使用しました。学部会計課の援護もあり、そこから得た利益は、教員・スタッフの補助金として貯蓄することになりました。
②英文・日本語によるシラバス作成
　学生と教員とのコミュニケーションを改善する一助として、英語と日本語の共通シラバスを併用することは、学部執行部、教務部から賛同を得ることができませんでした。そこで、選択肢として選んだ方法は、第1学年の前期に入学生全員が受講する「英語Ⅰ」のコア・テキストの内容に埋め込むことでした。授業でシラバスの内容を教材として使うことで、学生に熟知していただく方法を取りました。
③教員の適正配置
　教員全員に得意なスキルズや担当したい講座名をアンケートで調査しました。回答頂いた内容をもとに可能な限り教員の配置を行いました。しかし、1つ困難な問題がありました。それは、非常勤講師の担当曜日が、非常勤の先生方の都合で決まっており、せっかくマッチする講座を見つけても、出講日ではないため、担当していただけないケースが多くありました。

3) 長期計画目標（2年から4年で実行）
①語学教育センターのスタッフの英語能力の向上
　語学教育センターのスタッフの1人は、必ず英語でコミュニケーションできるようにという理由から、英語に堪能な者を採用しました。

(2) 実施途中にある項目
　私たちがプランニングした中には、実施したが完了できなかったもの、また、計画はしたものの実行に移せなかった案もありました。詳しくは、第Ⅲ部で説明しますが、ここでは、第Ⅲ部で取り上げる項目を下に列挙しました。

①プログラムの目標の明確化（短期計画）
　学部ミッション、英語教育プログラムのミッション、ヴィジョン、目標を作成し、カリキュラムを支える共通原理の導入を試みました。
②講座の相互関連の明確化（中期計画）
　各講座の目的、目標を設定し、英語Ⅰ-Ⅶ、英会話、実用英語、英語文献講読の関連を明確にしました。
③教育結果のモニタリング（長期計画）
　学生の学習過程をモニターするには、モニターする対象によっていくつかの方法があります。第Ⅲ部では、学生の英語力の伸びをモニターするシステムの構築を目指しました。
④カリキュラムの運営組織の構築（長期計画）
　カリキュラムの運営に必要な組織としての機能、ポジションに付随する役割などを定めました。さらに、組織運営が可能になったあと、その運営をとおして、今後の課題を見つけ解決に向かえるような仕組みを考えました。
⑤教科書選定の手順と手続き方法の確立（長期計画）
　各講座の目的・内容と学生の英語能力に合った教科書を選定する基準、手順を考案しました。適切な選定基準や選定手順を考案するために、教科書選定委員会を設置し、非常勤教員にも参加してもらうことにしました。選定基準を作る際、講座と教科書内容の適合性、学生の技能レベルと教科書内容の

適合性、教員の教授能力・特徴と教科書の特徴の適合性を考慮しました。
⑥組織的な能力別編成の仕組みの構築（長期計画）

　改善以前も行われていた一部能力別編成を、今後顕著になると予想される学生の英語能力の多様化を念頭に置き、完全な能力別編成に構成し直しました。それと同時に、学習結果に対する成績評価の問題にも踏み込み対処策を考えました。
⑦研修活動の充実（長期計画）

　英語教育プログラムのミッション・ヴィジョンを実現する媒体としての研修の目的・目標・アプローチを探り始めました。
⑧施設利用（長期計画）

　最後の課題は、語学教育センターに設置された4つのオーディオ教室を必要に応じて活用できるようにすることでした。しかし、教室の絶対数が不足しているという理由で、英語教員が自由に使う方向へ持っていくことができませんでした。その代わり、教務部のサポートもあり、一般教室、数教室にオーディオセットを設置することができました。

　自習室には、新たにコンピュータを導入し、学生の自習に役立つように改造しました。当時は、どの程度学生がコンピュータを語学学習に活用してくれるか未知数でしたので、自習室に導入することで、彼らの反応を見るという目的もありました。また、この部屋で教材作成が可能になりました。

　しかし、コンピュータ、インターネット、そのほかのテクノロジーを活用して、どのような授業が展開できるのか、今後の課題として残りました。

　以上、第3節では、プログラム改善に向けた取り組みについて、短期、中期、長期計画案の実行が完了したものと、実施途中にあるものとに分け、見てきました。

まとめ

　この章では、第7章と第8章で扱ったCIPPモデルのコンテックストとインプット評価の視点から得たプログラムの改善点を、英語教育プログラムの効力を総体的に向上させるという観点から整理してみました。まず、両評価から得た改善点をまとめ、それぞれの課題を説明しました。つぎに、将来、4年・5年後に再度プログラム改善が行われると仮定して、プログラムの改善点から見たプログラム効力の改善について考えました。その際、活用可能になるプロセス・プロダクト評価の視点から、環境、プログラム効力、プログラムの改善との関係を表9-3と表9-4に示しました。最後に、実施して完了した項目、実施したが完了できなかった項目、実施できず計画段階で終わったものについて簡単に触れました。

　第Ⅲ部では、実施したが完了できなかった項目、実施できず計画段階で終わった項目（第9章、第3節）について、少し詳しく見ていきます。まず、第10章は、実施途中にあった項目のうちの①プログラムの目標の明確化、②講座の相互関連の明確化についてです。

第Ⅲ部

どのような改善が行われ、何が起きたか

第10章

構造上の改善点

　この章では、第9章-3の(2)「実施途中、ないし実施できなかった項目」の中の、①プログラムの目標の明確化と②講座の相互関連の明確化について、当時、どのような計画が立案されたか見てみます。まず、第1節では、英語教育プログラムのミッションとヴィジョンに言及します。第2節では、英語教育プログラムの目標について考察します。第3節では、プログラムを支えるために導入された原理について説明します。最後に、英語関連の講座（コース）全体の体系を示し、教養分野の英語と専門分野の英語の捉え方の違いから起きた問題について見てみましょう。

1. プログラムのミッションとヴィジョン

　ミッション、ヴィジョンについては、すでに第5章（プランニング、第2節）で説明しました。ブランソンは、ミッションは組織の目的を表現したもので、ヴィジョンは、取り巻く環境や支持者との関わりの中で、組織が非常に繁栄している時、その組織がどうみえるかを描写したものであるといっています。そして、ミッションやヴィジョンを具現化するために導き出されたものが目標です。一連のプログラムの目標は、各講座の目的となり、さらに各講座の目標が設定されます。この節では、この学部のミッションを念頭に置きながら、英語教育プログラムのミッション、ヴィジョンについて考えてみましょう。

(1) 英語教育プログラムのミッション

　学部のミッションは、国際的視野と実践英語力を基礎に、国際関係を深く理解でき、行動力を持った人間を育成することでした。また、現状での学生の英語力を踏まえると、英語教育プログラムは、学生たちが、①異文化理解とともに、国際語としての英語によるコミュニケーション能力を獲得できるようにすること、②コミュニケーション能力を獲得するために自分自身で動機づけできるようにすること、③個人で学習が継続できるように学習方法の習得ができるよう支援することを課題とします。

　したがって、英語教育プログラムのミッションは、「すべての学生がおのおのの英語能力に合った言語運用能力を獲得でき、異なる文化の中でも、コミュニケーションができるように、価値観や考え方の柔軟性を身につけることができ、各自が自分に合った英語の学習方法を習得できるように、最大限の支援をする」ことになります。

(2) 英語教育プログラムのヴィジョン

　英語教育プログラムのヴィジョンについては、たとえば、つぎのように表現することができます。「話す、聞く、書く、読むという4スキルを統合した教授法で、実践的訓練を主体にして授業が展開されている。実践的訓練では、文法知識の活用練習や発音練習も重要な役割を担っている。教員各々の長所が活かされ、教員配置が行われており、教員全員の能力が最大限に発揮されている。学生は、各自の最も適切だと思われる学習方法の習得に励み、自分たちの努力目標を定め、率先して目標達成のために励んでいる。学習の伸びは、学習意欲を刺激するような評価手段や方法でモニタリングされている。そして、教員や学生の意見は、英語教育プログラムの意思決定過程に最大限反映されている。」

　しかし、残念ながら、私たちは、プログラムのヴィジョンを設定するところまで、行き着きませんでした。私は、ヴィジョンは、基本的に、英語教育プログラムの教員全員の合意のもとで作られるべきものであると考えていました。そこで、プログラムの全体像を先生方に理解していただけるようになるまで、ヴィジョン形成を待つことにしました。とくに、英語教育プログラムにとって、

このような改善計画は、初めての試みであるということもあって、プログラムがどのような原理にもとづき、何を求めようとしているのか、全員に理解いただけるまでは、合意によるヴィジョンは形成できないというのが私の考えでした。具体的時期は、プログラムという組織体が運営できるようになるときを、1つの目安に考えていました。しかし、その前に私がディレクターを辞することになり、ヴィジョンを形成するという作業は、そこでストップしてしまいました。ディレクターの辞任の経緯は、第13章で述べます。

2. プログラムの目標

このミッションやヴィジョンの下で、どのような具体的なプログラム目標を定めることができたでしょうか。受益者の利益、教員の質、学生の質、活用できるリソースなどを考慮して、作成してみました。状況の把握の仕方によって、ミッションの解釈には、当然幅ができます。したがって、目標にも違いが出てきます。目標設定で私が重視したのは、ミッションに示した範囲内で可能な限り異なる基準を使うということ、プログラム全体の目標として捉えやすい基準を準備することでした。以下、当時考案した英語教育プログラムの目標です。

① 4年次終了までに全員が英語の学習方法を習得する。（願望）
② 4年次終了までに全員が自分で学習の動機づけができ、それを維持できるようになる。（期待）
③ 4年次終了までに全員が各自の能力に合った英語コミュニケーション能力を身につける。（ゴール）
④ 4年次終了までに全員が異文化に対する理解を深める。（社会的）
⑤ 4年次終了までに50％の学生が中級レベルの英語運用能力を獲得する。（ミニマム）
⑥ 1年次終了までに3.5％の学生がTOEFL500、TOEIC600、英語検定試験準1級のいずれかに到達する。（ミニマム）

⑦2年次終了までに20％の学生がTOEFL500、TOEIC600、英語検定試験準1級のいずれかに到達する。（ミニマム）

⑧3年次終了までに42％の学生がTOEFL500、TOEIC600、英語検定試験準1級のいずれかに到達する。（ミニマム）

⑨3年次終了までに58％の学生がプレイスメント・テスト（p.89を参照）の56点から65点の範囲に入る。また、0点から45点の範囲に入る学生がいなくなる。（ミニマム）

［注：（　）はプログラム・ニーズの種類］

　また、ロス（第6章－2）が言う「ニーズ（不一致）の5つの種類」からプログラム目標を見ると、①は願望（desire）のニーズ、②は期待（expectation）のニーズ、③はゴール（idea）のニーズ、④は社会的（norm）のニーズ、そして、⑤から⑨は、ミニマム（minimum）のニーズと言えるでしょう。将来、再度プログラムの改善をする場合、これらのプログラムの目標は、プログラム効力のより具体的な判断基準になると考えます。

　残念ながら、これらのプログラムの目標は、計画段階でほとんど注目されませんでした。最大の理由は、実用英語と英語文献講読は専門分野であり、一般教養としての英語教育の分野ではない。したがって、専門分野の実用英語や英語文献講読の教員の配置やカリキュラムは、英語教育プログラムの意思決定過程の外にあるということで、4年間の英語教育の目標を設定できない状況にあったのです。これはまた、4年間の英語教育に対する責任の所在を不明確にする原因にもなっていました。これらの目標が現実味を帯びるためには、学部のミッションと英語教育プログラムのミッションを達成するという共通認識をもとに、教養英語と専門英語を、少なくともカリキュラムの統合化を図る必要がありました。

3. プログラムを支える原理

プログラムの目標が定まったところで、つぎの段階に移りましょう。それは、カリキュラムを支える原理、または価値観を導入することです。ミッション、ヴィジョン、プログラム目標を設定しても、これらを達成するために、カリキュラムを組織として運営しなければなりません。計画したように動いてくれるか心配でした。私はこの点について、他大学の先生方から貴重な助言をいただきました。

プログラム開発の難しさは、プログラムの定義のところでも説明したように複雑な機能が特定の目標の達成に向かって有機的に関連しあうメカニズムを前提にしているところです。そのため、プログラムの機能が分散しないように全体を包む哲学ないし価値観を決定し導入する必要があると考えました。英語教育検討委員会が答申で主張した「言語運用能力」を目的とすることだけでは、目的・目標達成は難しいということです。

英語教育プログラムの改善では、カリキュラム内容を支える原理として3つ、そしてプログラム構造を支える原理として3つ、合計6つの原理の導入を考えました。そこに、コミュニケーションに主体を置く、言語運用能力の改善という考え方が加わりました。以下、原理をまとめました。

(1) カリキュラムを支える3つの原理

カリキュラムを支える原理については、すでに第Ⅱ部でも説明しました。つまり、①コミュニケーション能力（実際のコミュニケーションの場面で、異文化を理解するとともに、英語運用能力を発揮できる包括的な能力）、②学生主体の教授法（学生の学習プロセスを基本に置き、教授法、教授プロセス、教材、課題などを設定し支援する）、③各個人に適合する学習方法（将来の英語学習に役立つように、学習方法習得に重点を置く）の3つが、カリキュラム内容の中核になるということです。

(2) プログラム構造を支える4つの原理

　つぎに、全体のカリキュラムの中で、学生ができるだけ効率よく目標を達成できるように、カリキュラム全体に道筋をつけることを行いました。それは、まず、①カリキュラムが、知識の積み上げ式の構造をもつことを基本としました。各講座（コース）は、②テーマ主体の内容にしました。学生の英語力向上の程度によっては、第3・4学年の英語文献講読を、将来アカデミック・パーパスの講座内容にすることを念頭に置きました。教員にとっても、より専門性の高い内容を教授できることを希望している者もいましたので、彼らのモラール（士気）向上につながると考えました。講座では、知識伝達というよりは、③英語のトレーニングを強調しました。この理由は、第2章でも説明しましたように、EFLの性質を最大限活かすべきだと考えてのことでした。もちろん、どの程度のトレーニングが可能かということは、学生の英語能力やモーティヴェーション、教員の腕にかかっているといえます。最後は、④言語運用能力にもとづくグループ構成（能力別編成）を4つ目の原理にしました。ただ、学生の言語運用能力を厳密に測定することは困難なので、編成方法に工夫を要すると思われました。

(3) 4つのスキルの統合（読む、書く、聞く、話す）

　最も熟慮したのが、4つのスキルをどのように組み合わせるかということでした。当時、第1・2学年の間の英語教育は、基本的にどの講座も4つのスキルの向上をめざすことになっていました。しかし、ここで問題が起きました。シラバス上では、英語Ⅱ（reading）、英語Ⅵ（advanced composition）とあり、1つのスキルしか明記していない講座もありました。基本的には、どの講座も4つのスキルの向上をめざしますが、1つのスキル（たとえば、reading）を明記するのは、その講座では、その特定のスキルを強調するという意味合いでした。しかし、実際には、そのスキルのみを教授している教員も多くいました。

　そこで、当時の学生の英語能力の特徴、学部のミッションを考慮し、①話す－聞く－発音、②話す－書く－文法、③話す－読む－発音、④聞く－読む－発音の4通りの組み合わせで、各講座の具体的なトレーニングの種類を定めま

した。これらの組み合わせは、プログラムのニーズや学生の英語能力に対応し、変更されるものだと考えます。同時に、4通りの組み合わせに対する教員の教授能力の改善を、間接的に求める意味もありました。

4つの組み合わせに関する問題は、英語の教授法から見て、適切な組み合わせかどうかということです。つまり、Reading、Speaking、Writing、Speakingの4つのスキルをどのように組み合わせれば、最も効果が上がるのかという問題です。私の調べた限り、残念ながら、これについての適当な答えを見つけることができませんでした。そこで、日本人の学生が、これから英語を学ぶ上で、困難を感じると思われる点を念頭に置き、組み合わせを考案しました。たとえば、③の「話す－読む－発音」ですが、読むということで、速読をイメージする方もおられるかもしれません。しかし、ここでは、むしろ音読の効用を期待しています。この学部の第1・2学年生に速読の練習は、あまりに負担が大きすぎると思われたからです。もちろん、英語による速読がどんなものか知ることは大切だと思います。再度、述べますが、スキルの組み合わせは、ミッションだけでなく、学生の英語力の特徴、教員の教授力に影響されるということです。

4. 講座（コース）の相互関連

つぎに、第2節で扱った「プログラムを支える原理」を踏まえ、作成した講座の全体像を見てみましょう。講座の関連性を教養分野の英語講座と専門分野の英語講座に分け、カリキュラム内容を示した表が、表10-1と表10-2です。

英語文献講読の講座群は、表10-1・2には含まれていません。前にも述べたように、専門分野の講座であるという理由で、英語教育プログラムの管轄外とされ、英語文献講読を英語教育の上級レベルのカリキュラムとして組むことができない状況でした。また、教務部は、専門分野の講座1コマで雇った非常勤に、英語文献講読の講座1コマを追加する措置を取っていたことも、英語教育の改善の障害であったと考えます。

このような状況の下で、わずかですが、専門分野の英語改善に光を当てる英

表10-1 英語Ⅰ-Ⅶのトピック、学生の課題、スキルの一覧

講座	トピック	学生の課題	強調するスキル
英語Ⅰ	コア（プロフィシェンシー）	各個人に合う学習方法を開発する 語彙力を強化する スキルの欠点を補強する	読む、聞く、発音
英語Ⅱ	学生生活	論理的思考力を改善する 自己表現方法を改善する	話す、書く、文法
英語Ⅲ	海外で遭遇する問題	論理的思考力を改善する／有効なコミュニケーション能力をつける	話す、読む、発音
英語Ⅳ	異文化理解	論理的思考力を改善する／コミュニケーションの正確さを改善する	話す、書く、文法
英語Ⅴ	社会問題	抽象概念を運用する能力をつける	聞く、読む、発音
英語Ⅵ	異文化理解 社会問題	コンポジションで文法的能力と論理的表現能力を改善する	話す、書く、文法
英語Ⅶ	コース1-5のトピック	発表と討論に必要な能力を改善する	話す、読む、発音

表10-2 1学年から4学年までの講座内容一覧

第1学年	第2学年	第3学年	第4学年
英語Ⅰ （プロフィシェンシーの基礎訓練と学習方法） 英語Ⅱ （学生生活） 英語Ⅲ （海外で遭遇する問題） 英語Ⅳ （異文化理解）	英語Ⅴ （社会問題） 英語Ⅵ （異文化理解と社会問題） 英語Ⅶ （コース1から5のトピック） 会話Ⅰ （大学での生活を含んだ毎日の生活）	会話Ⅱ （社会、政治、経済に関連したトピック） 実用英語Ⅰ （訓練領域） 1 国際ビジネス 2 国際組織の経営 3 異文化理解と教授法 4 海外の高等教育機関への留学	実用英語Ⅱ （訓練領域） 1 国際ビジネス上級 2 国際ビジネス 3 国際組織の経営 4 異文化理解と教授法 5 海外の高等教育機関への留学

語教育プログラムの試みもありました。実践英語、英語文献講読それぞれ2コマを、学生の英語力向上と英語学習に対する彼らの自主性を観察するという理由で、試験的に英語教育のカリキュラムに組み込むことができました。2年ぐらいの期間でしたが、モーティヴェーションの高い学生たちが、これらの講座に集まったのは言うまでもありません。しかし、上述した「同じ英語を使用していながら、教養英語と専門英語に対する考え方の違い」の影響もあり、この結果は広く学部内で認知されることはありませんでした。

まとめ

この章では、第9章で示した「プログラムの目標の明確化」と「講座の相互関連の明確化」というプログラム・ニーズに対し、英語教育プログラムが準備した計画案を見てみました。まず、ミッション、ヴィジョン、プログラム目標の設定、プログラムとカリキュラムの構造と運営を維持・継続し、学生の学習効果を上げるために必要だと思われる原理（方針）についてみました。最後に、全体のカリキュラムを概観し問題点を指摘しました。

つぎの章では、プログラム・ニーズの③教育結果のモニタリングのために考案された計画について見てみましょう。

第11章

モニタリング・システム

　話を「実施途中にある項目」の中の③「教育結果のモニタリング」に移しましょう。英語教育プログラムは、学生の英語力の伸びを長期に渡ってモニターする方法をまだ確立していませんでした。今後、英語教育プログラムがどのような結果をもたらすにしろ、モニタリングの機能を備えることは必要不可欠でした。

　この章では、プログラム全体で行うテスト結果を長期的に収集し整理するモニタリングとカリキュラムの関係を考察します。第1節では、モニタリングに使用する試験に対する受益者の見解について考察します。第2節では、モニタリング・システムの構造と試験の活用方法に言及します。最後に、モニタリング・システムの活用について、専門分野の英語教育との関連の中で考察します。

1. 受益者のテストに対する考え方

　私たちの英語教育プログラムには、継続的に学生の英語力の推移を記録する手段がありませんでした。そこで、以前から行われていた入学時のプレイスメント・テストを活用してモニタリング・システムができないか模索しました。当時、プレイスメント・テストはこの学部が独自に開発したものを使っていました。しかし、このテストは1種類しかなく、どうしてもほかのテストと併用する必要がありました。問題は、どの種類のテストがより適切かということでした。これについて、受益者は、それぞれ異なった考えを持っていました。

(1) 学部・教授（英語教員以外）の視点

　教授たちの多くは、学生のTOEFLやTOEICのスコアを伸ばし、就職に役立つような英語教育を行うことを主張し、学生にはTOEFLスコア、550点、英検準1級を獲得させたいと考えていました。とくに、TOEFLへの期待は高く、TOEFLで550点はないと英語能力があるとはいえないとまでおっしゃる方もおられました。学部内では、一種の「TOEFL信仰」があったように思います。

(2) 学生たちの視点

　当時、学生の間では、全般的に言って試験への関心はそれほど高くありませんでした。この学部の語学教育センターが英検の会場になっていたこともあり、学生の間では、英語検定試験に対する関心は窺えましたが、TOEFLやTOEICの認知度は、それほど高くありませんでした。当時（1990年代中盤から後半）、入学して来た学生のなかには、TOEFLやTOIECの名前さえ知らない者もいました。ある教員から、「TOEFLを導入するのは、よろしいですが、学生にTOEFLのことを聞いたら、TOEFLについて、その名前さえ知らない学生が何人もいました。これだと、試験する意味がないかもしれませんね。もっと、TOEFLのことを知らせる必要があるのではないでしょうか」とご忠告いただきました。

(3) 英語教員の視点

　英語教員たちは、テスティングについてどう思っていたのでしょうか。実は、TOEFLやTOEICの試験を導入するのには反対でした。なぜかというと、実際授業で行っていることは、異文化の知識だったり、コミュニケーションの練習だったり、TOEFLやTOEICでは測れないものも多くあり、このような試験をモニタリングの手段として使えば、授業の結果がきわめて狭い尺度で測定され、実際の教育効果を正しく捉えられないということでした。彼らの主張の背景には、個人に対する教員評価が、これらの試験結果によって行われるのではないかいう不安もあったようです。この不安を打ち消すことが、重要なポイントでした。

(4) ディレクターの視点

　最後に、ディレクターとしての私が、試験導入についてどう考えていたのか、少し述べる必要があるでしょう。最大の問題は、学生の英語能力の伸びを把握するにも、既存のプログラムでは、その手段がないことでした。また、英語教育プログラムの知名度を回復するには、現在のプログラムの機能の限界と問題点を指摘できる何らかのデータが必要であることも重要な点でした。さらに、ある種の教育結果を示すことで、英語教員に改善点を考えていただき、具体的目標とその方法を議論してもらう必要があると考えていました。

(5) モニタリング・システム構築と運用に関わる留意点

　以上、受益者の試験に対する考え方を見てきました。彼らの考え方から、モニタリング・システムを考案する際に考慮すべき点やシステム運用に際し配慮すべき点が、いくぶん明らかになりました。下記の7項目が、受益者に受け入れやすい「モニタリング・システム」を計画する際、注意しなければならない点です。

　①何らかの形で、TOEFL, TOEICを導入し、これらの試験に精通すること。
　②導入する試験の特徴を教員、学生に周知すること。
　③採用する試験を決める際、教員との話し合いで決めていく。
　④異なる試験を変更する場合は、スコアの相関を準備する。
　⑤試験の結果は、教員の評価に使用しない。
　⑥学生に対する評価については、授業内で行われる評価方法による結果を優先する。
　⑦試験の結果は、プログラムの改善のためにのみ使用する。

　この節では、受益者の試験の種類、試験そのものに対する考え方を分析し、そこから、モニタリング・システムを作る際に注意すべき点を導きだしてみました。

2. モニタリング・システムの構造と試験の活用方法

モニタリングによってデータを定期的に、しかも継続的に収集することができれば、学生の英語能力の伸びを確認することができるようになります。また、より適切な学習指導や授業準備に役立ちます。さらに、講座内容やカリキュラムの改善などプログラムの将来構想に役立てることもできます。学生にとっても、定期的に自分の努力の結果を確認できますし、その後の学習方法の改善について教員と話し合うチャンスが生まれます。

以上の点を考慮し、英語教育プログラムのモニタリング・システムを立案することになりました。この節では、当時私たちが構築しようとしていたモニタリング・システムについて説明します。まず、モニタリング・システムの全体像を説明し、続いて、モニタリングの手段として導入しようとしたテストについて、最後に、モニタリングの結果の活用方法について考察します。

(1) モニタリング・システムの構造

入学時のプレイスメント・テスト（pre-test）を最初の試験と位置づけ、各学期中の特定の曜日と時限に、2学年次終了までに計5回試験を実施します。2学年次の後期に実施する第5回目の試験には、入学時に受けた同じプレイスメント・テストをポスト・テスト（post-test）として使用します。2・3・4回目の実施は授業中に行います。各学期中の試験結果が、前回の試験結果より向上している場合のみ成績に反映します。伸びが著しい場合は、上位レベルのグループへの移動を奨励します。

モニタリングは、語学教育センターを介して、英語教育プログラムの教員を中心に、試験の配布・実施・回収を行います。試験結果は業者に処理していただき、そのデータは語学教育センターに保管し、その後英語教育プログラムがデータを分析し、現状把握と問題解決の資料とします。

(2) 試験の種類とその活用方法
1) 第1・2学年

　コストを極力抑えるため、英語教育プログラムが開発したプレイスメント・テスト（CIRPT）と、数年前にこの学部が購入し未使用だったミシガン・プレイスメント・テストを、第1学年と第2学年に使用することになりました。また、第3学年と第4学年に対しては、TOEFL、TOEIC、英検を使用することになりました。

　問題は、異なる試験の相関関係がどうなっているかということでした。ミシガン・プレイスメント・テストとTOEFLとの相関関係は、アメリカでも長く使われ、よく知られていました。CIRPTとTOEFLの相関関係は持ち合わせていなかったので、学生からボランティアを募り、ミシガン・テストを受けていただき、CIRPTとTOEFLの関係をある程度把握しました。ただ、サンプルが小さかったため、相関関係は正確とはいえず、あくまで「目安」程度のものでした。

2) 第3・4学年

　おもに、第3・4学年の学生を対象に、少なくとも、TOEFL、TOEIC、英検の試験を学期ごとに1回ずつ実施しました。学生が彼らの学習ペースに合わせ計画的に受験できるように、年間の試験実施日を早い時期にあらかじめ告知しました。受験料は、半額を学部が、残りの半分は学生負担としました。学部の半額負担は、受験を奨励する意味を含んでいました。第1・2学年生にも受験が可能である旨を伝えました。受験料については、大学の財政状況が許すのであれば、第3・4学年生と同様な扱いを提案しました。

3) 学年共通

　積極的英語学習の喚起と言語運用能力の改善を最大限に結びつける手段（アプローチ）として、「言語運用能力査定」機能を準備します。「言語運用能力査定」は、試験に合格する、試験に落ちる、学生を落とすというようなことを目的としていません。学生の英語能力を可能な限り正確に査定し、学生

に伝えることを主目的とします。

　この査定は、グループ・インタビューとエッセイ・ライティングによって行われ、年に2回実施し、学年に関係なく受験することができます。言語運用能力の判断基準として、私たちの英語教育のミッションと目標をもとに、独自の基準を準備します。受験には、少なくとも中級の中レベルの言語運用能力を要求し、申し込みの際には、担当教員の推薦と中級の中レベルを有する証明の提示を求めます。限られた数の学生を対象にするので、実施計画を具体化しやすいでしょう。このような措置を取ることで、受験者に対する言語運用能力の保証が確保でき、適切な査定時間を確保できると考えます。

(3) モニタリングの結果の活用

　2年間のモニタリングの結果は、各学生に渡され、学生のリクエストに従って、教員は学習指導を行います。ただ、授業を利用して、学習指導をできるだけ受けるように学生に伝える必要があります。このようなアプローチを取ることで、学生の積極性を育成できると思われるからです。

　モニタリングの結果やTOEFL、TOEIC、英検の結果は、学生にとって、「英会話」や「実用英語」のような上級講座のクラスに登録するときの目安になるようにします。各講座（コース）は、各試験の異なるスコアを要求するクラス群から構成されます。つまり、上学年に行けば、それまで培った英語能力に見合ったクラスを履修することができることになります。ここでも、学生の積極性と動機づけを最も重視します。一方で、登録のためのスコアを要求しないクラスも各講座に設置し、すべての学生が履修できるよう配慮します。これは、この学部の方針である「英語は必修である」という条件を満たすためです。

　積極性や動機づけを基盤にしたシステムの中では、3・4学年でTOEFL、TOEIC、英検を受験した学生数の動向も、プログラム内で何が起きているかを知る目安になります。また、受験した学生のスコアの分析結果は、現行プログラムの長所や短所を知る機会を提供してくれるでしょう。

　また、「言語運用能力査定」の受験者数の推移や査定結果の分析からも、学生のモーティヴェーション（動機）の推移、英語教育プログラムの改善点や問題

点も指摘することが可能です。査定基準は、プログラムのミッションに照らして、独自の基準を開発することとします。査定終了者には、レベルの認定書を発行し、就職活動などに役立ててほしいという英語教育プログラムの期待もありました。

認定書の発行については、「誰も認めていない認定書を発行して何になるのか」と主張する教員もいました。また、「認定書の裏に、ここで使った基準を明記し、現在広く使われている基準（例えば、ACTFL基準）との相違を表記し、認定書の信頼性を高めればよいのではないか」という声もありました。つまり、卒業後に英語を使う場面で、認定書に示した英語能力を発揮する「認定書を持った学生」が増えれば、認定書への信頼は増すということです。つまるところ、英語教育プログラムが、明確な基準にもとづいて適切に査定できるかどうかが、「言語運用能力査定」の成功を左右するということです。この意味から、査定の精度を上げるため、査定結果は、査定を行なった教員と学生を推薦した教員両方にフィードバックします。

以上、本節では、モニタリングで使用する試験の種類とその活用方法について考察しました。

3. モニタリング・システムとその活用

では、モニタリング・システムは、どのように機能するのでしょうか。この点について、まず、4年間のモニタリングのサイクルがどうなっているのか、続いて、モニタリングで得た結果の有効利用としてどのようなことが考えられるのか見ていきます。

(1) モニタリングのサイクル

継続的な評価のプロセスなしには、英語教育プログラムの「効力」を把握し評価することはできません。そのためにモニタリング・システムが必要です。しかし、システム全体を自前で準備するとなると十分なテスティングについて

の知識が必要であると同時に、ある程度の財的基盤も必要になります。残念ながら、私たちのプログラムは、どちらも十分に持ち合わせていませんでした。そこで、どうすれば、金がかからず、しかも期待する役目を果たしてくれるシステムができるのか、私たちは、現実にマッチしたアイデアが必要でした。

そこで、すでに自前で作ったプレイスメント・テスト、容易に入手できるミシガン・テスト、TOEFL、TOEIC、英検を使って、第1学年から4学年まで4年間のテスティングのサイクルを考案しました。さらに、これに「言語運用能力査定」（CIR査定）というテスティングを加え、プロダクティヴ・スキルズ（speaking／writing）を強調するシステムを目指しました。表11-1は、テストの種類と、年間のサイクルを示しています。学生が自分の学習のスピードに合わせて、このサイクルを活用することを期待しました。

表11-1　モニタリングのサイクル

月＼学年	1年生対象	2年生対象	3・4年生対象	1-4年生対象	全学年対象
4月	CIRPT(A)				
5月			TOEFL & TOEIC	英語検定試験	CIR査定
7月	MPT(A)	MPT(C)			
10月			TOEFL & TOEIC	英語検定試験	CIR査定
1月	MPT(B)	CIRPT(B)			

CIRPT：学部独自のプレイスメント・テスト／MPT：ミシガン・プレイスメント・テスト／CIR査定：言語運用能力査定

実際に、モニタリングのサイクルは、どの程度実行できたのでしょうか。一部試験の実施時期の変更などがありましたが、CIR査定を除いたすべてのテスティングを導入し実施にこぎつけることができました。CIR査定に関しては、査定方法の研究プロジェクトを組み、先生方にどのような形で実現できるか探っていただきましたが、実現するまでには至りませんでした。

サイクルで収集したデータは、教務部と語学教育センターの支援で、業者にデータ処理していただけることになりましたが、さらなる課題は、データを分析し蓄積していく方法でした。つまり、業者の処理方法で、私たちが分析したい内容が効率よく短時間で検討できるかどうかということでした。

(2) モニタリング・システムの活用

　モニタリング・システムには、学生に自信をつけ、自らのやる気を助長するような役目を担ってほしいと考えていました。もちろん、テスト結果をもとに学習方法についてカウンセリングすることも可能です。特に、3・4学年生に対するシステムの役目は、非常に重要でした。この観点から、当時私が提案した計画案を見てみることにしましょう。

　表11-2に示したように、3年次開講の実用英語Ⅰを履修したい学生は、モニタリング・サイクルで獲得したスコアをもとに、自分が学びたい内容の講座、そしてクラスを選びます。スコアのどれか1つでも登録条件を満たしていれば登録可能です。異なるテスト・スコアを並べたのは、それぞれのテストが持っている特徴が受験した学生に不利にならないようにするためです。

　表11-3で示した実用英語Ⅱについても同様の扱いですが、学生の学習意欲を刺激するために登録条件であるスコアを少し上げています。実用英語Ⅰ・Ⅱの両講座に「担当教員の許可」を明記した講座を準備し、定員の範囲内であれば、担当教員の判断で、登録が認められるようにしました。また、登録条件を課さないクラスも準備し、すべての学生の英語力に対応するように計画しました。

　残念ながら、専門分野での英語関連講座(会話、実用英語、英語文献講読)に、モニタリングの結果を活用する試みは実現しませんでした。その後、表11-3の実用英語Ⅱ-E(通年)のアイデアは、教職課程の改定に伴い、登録条件など大幅に変更し、「英語科教育法Ⅳ」として教員養成プログラムに導入されました。

表11-2　実用英語 I の登録条件・内容・目標の例

コース	登録条件	内容 [注]	講座目標
実用英語 I－A (通年)	・MPT 75 ・TOEFL 470 ・英検2 ・CIRPT 75 ・TOEIC 550 又は担当教員の許可	国際ビジネス	○ビジネス英語を学ぶ ○交渉のノウハウを学ぶ ○プレゼンテーションを学ぶ ○TOEICの準備をする ○商業英語試験の準備をする
実用英語 I－B (通年)	・自由登録	国際ビジネス	○ビジネス英語を学ぶ ○交渉のノウハウを学ぶ ○プレゼンテーションを学ぶ ○TOEICの準備をする ○商業英語試験の準備をする
実用英語 I－C (通年)	・MPT 75 ・TOEFL 470 ・英検2 ・CIRPT 75 ・TOEIC 550 又は担当教員の許可	国際機関マネージメント	○オフィサーとして適切な英語を学ぶ ○異文化の中での問題解決方法を学ぶ ○オフィサーとしての責任を学ぶ ○プレゼンテーションの方法を学ぶ ○国連検定試験の準備をする
実用英語 I－D (通年)	・自由登録	国際機関マネージメント	○オフィサーとして適切な英語を学ぶ ○異文化の中での問題解決方法を学ぶ ○オフィサーとしての責任を学ぶ ○プレゼンテーションの方法を学ぶ ○国連検定試験の準備をする
実用英語 I－E (通年)	・MPT 75 ・TOEFL 470 ・英検2 ・CIRPT 75 ・TOEIC 550 又は担当教員の許可	異文化コミュニケーション	○英語の教授法を学ぶ ○異文化の問題に対処できる能力を身に付ける ○プロダクティブ・スキルズを改善する ○共同作業が英語でできるようにする
実用英語 I－F (通年)	・MPT 75 ・TOEFL 470 ・英検2 ・CIRPT 75 ・TOEIC 550 または担当教員の許可	海外の大学・大学院への留学	○アカデミック英語を学ぶ ○留学に必要な知識を学ぶ ○TOEFLの準備をする ○レポートの書き方を学ぶ ○プレゼンテーションの方法を学ぶ

MPT: Michigan Placement Test

注) 内容の欄にトピックのみ提示しているのは、専門分野の内容・担当教員に関して、英語教育プログラムには、何ら権限がないためです。4年間の英語学習・教育の観点から、必要最小限のトピックの種類と、それに関連した目標を入れてみました。

表11-3　実用英語IIの登録条件・内容・目標の例

コース	登録条件	内容［注］	講座目標
実用英語 II－A (通年)	・TOEIC 730 ・TOEFL 550 ・英検準1級 ・担当教員の許可	上級 国際ビジネス	○討論の方法を学ぶ ○書状の書き方を学ぶ ○他国の文化価値やビジネス倫理を学ぶ ○いろいろな場所でのスピーチの仕方を学ぶ
実用英語 II－B (通年)	・TOEIC 600 ・TOEFL 500 ・英検準1級 ・担当教員の許可	国際ビジネス	○ビジネスに役に立つコミュニケーション能力を改善する ○交渉や会合をリードする方法を学ぶ ○TOEICの準備をする ○商業英語試験の準備をする
実用英語 II－C (通年)	・自由登録	国際ビジネス	○ビジネスに役に立つコミュニケーション能力を改善する ○交渉や会合をリードする方法を学ぶ ○TOEICの準備をする ○商業英語試験の準備をする
実用英語 II－D (通年)	・国連検定B級 ・TOEIC 600 ・TOEFL 500 ・英検準1級 ・担当教員の許可	国際機関マネージメント	○オフィサーに必要なコミュニケーション能力を身につける ○国際機関の組織機能を学ぶ ○オフィサーとしての責任を学ぶ
実用英語 II－E (通年)	・国連検定B級 ・TOEIC 600 ・TOEFL 500 ・英検準1級 ・担当教員の許可	異文化コミュニケーション	○コミュニケーション能力を改善する ○英語の教授法を学ぶ ○インターアクションを基盤にした教授法を学ぶ
実用英語 II－F (通年)	・TOEFL 500 ・TOEIC 600	海外の大学・大学院への留学	○アカデミック英語を学ぶ ○留学に必要な知識を学ぶ ○TOEFLの準備をする ○レポートの書き方を学ぶ ○プレゼンテーションの方法を学ぶ

注) 内容の欄にトピックのみ提示しているのは、専門分野の内容・担当教員に関して、英語教育プログラムには、何ら権限がないためです。4年間の英語学習・教育の観点から、必要最小限のトピックの種類と、それに関連した目標を入れてみました。

まとめ

　この章では、英語教育が提案したモニタリング・システムとそのサイクルについて説明しました。まず、受益者の試験に対する考え方を分析し、そこから、モニタリング・システムを作る際に注意すべき点を導き出しました。つぎに、モニタリングで使用する試験の種類とその活用方法について考察しました。最後に、モニタリングのサイクルと、サイクルの活用方法に言及しました。現実には、この章で扱った一部は実行に移すことができました。たとえば、第1・2学年のモニタリングは、試験の種類や回数など一部変更はありましたが、現在まで続いています。また、英検に加え、TOEFLやTOEICも実施できるようになりました。しかしながら、英会話や実用英語のような専門分野にモニタリングの結果を活用するまでには至りませんでした。第12章では、プログラムの運営上の改善について見てみます。

第12章

運営上の改善

　この章では、「実施途中、ないし実施できなかった項目」の中の④カリキュラムの運営組織、⑤教科書選定の手順、⑥能力別編成の仕組み、⑦研修活動の充実、⑧施設利用について、どのような施策を取ったのか見ていきましょう。

　第1節では、カリキュラムの運営組織、つまりプログラムは、どのような機能をもつのか、を具体的に示します。第2節では、教科書の選定手順は、どのようなもので、どのように作られたかに言及します。第3節では、どのような能力別編成を実施したのか、実施に当たり重要な問題とは何だったか、また、これに直接関連する成績評価の問題とは何だったか、について言及します。第4節では、英語教員の士気とマネージメント能力向上をめざす研修の実施とそのあり方について考えます。最後に、学習・教育・指導効果の向上をめざすテクノロジーの捉え方について考えてみましょう。

1. プログラム機能

　英語教育プログラムにとって、どのような運営機能・組織が必要なのでしょうか。プログラム運営を考える上で重要な点は、「組織の効力」を最大限に発揮でき、「意思疎通」（コミュニケーション）を達成できる組織機能を準備できるかということです。「組織の効力」を発揮するための必要条件の1つは、目標達成のための明確な課題を示すことです。「意思疎通」達成には、2つの課題を克服しなければならなりませんでした。つまり、この英語教育プログラムは、国

籍や考え方が異なる教員がともに働く職場なので、文化・習慣の違いから起こる相互の不理解を、どのように克服するか、そして、50％以上の講座を担当している非常勤教員と専任教員は、どのように意思疎通を図るかという点でした。

(1) 責任と課題

　改善すべき点から、ディレクターの責任を含め、緊急に達成すべき課題が見つかりました。英語教育プログラムの意思決定機能に照らして、課題を8つのカテゴリーにまとめたものを下に記しました。ディレクターの責任は、基本的に、准・副ディレクター、各グループに委任することを前提にしていますので、「ディレクターの責任」の中に、准・副ディレクター、グループ・リーダーの名称が出てきています。また、学生との関わりを増やすことは、今後のプログラムの発展に欠かせないという認識から、組織ぐるみでこの課題に取り組むことを念頭に、「カウンセリング」の課題は、やや細かく設定しました。

●ディレクターの責任
　〇英語教育プログラムを指揮・監督する。
　〇准・副ディレクター、各グループの行動に対して責任をもつ。
　〇月に1度プログラムミーティングを開く。
　〇准・副ディレクター、グループ・リーダーを召集して会議を開く。
　〇語学教育センターを補佐する。
　〇英語講座スケジュール作成に関して学務委員会を補佐する。
　〇4学科の学科長にプログラムの状況を定期的に報告する。
　〇情報処理委員会と意見交換を行う。
　〇要請に応じて、教授会や学部長へ状況を報告する。
　〇国際交流委員会と意見、情報交換を行う。
　〇プログラムの導く「使命」「目標」「指導・教育原理」に実際の活動を照らし合わせ、問題提起を行う。
●クラス・講座（コース）間のコーディネーション
　〇カリキュラムに関わる問題の解決に当たる。

○ティームティーチングに関わる障害を除去する。(講座によって、週2日を2人の教員がそれぞれ1日ずつ担当)
　　○成績を決定する基準や方法を改善する。
　　○各講座(コース)の目標に照らし、教育内容を継続的に吟味する。
●学習効果の評価システム
　　○学習結果を適切に評価できる方法を考える。
　　○学習の進行状況をモニターするために必要なテストの実施を計画する。
　　○テスト結果処理のために語学教育センターの補助をする。
　　○テスト結果を英語教育プログラムに報告する。
　　○「言語運用能力査定」の施策と改善を行う。
●教科書選択とテクノロジーの応用
　　○各講座(コース)に適当な教科書を推薦する。
　　○教科書の発注から購入までの手続き過程を補助する。
　　○マルチメディアを活用する際の授業計画や運用計画を草案する。
●教員能力の開発
　　○研修を計画・実施する。
　　○主要な専門学会で活動する。
　　○プログラム援助金の使用計画を作成し、提案する。
●カウンセリング
　　○能力別編成方法を開発する。
　　○交換留学制度の情報をプログラムに提供する。
　　○夏期英語海外研修の情報をプログラムに提供する。
　　○各種検定試験の情報をプログラムに提供する。
　　○学習方法の問題、英語に関わる職業、海外留学の相談に乗る。
　　○単位認定などの相談に乗る。
　　○英語学習を励ます方法を考案する。
　　○スピーチコンテストに参加する学生を指導する。
●コア・テキスト作成
　　○コア・テキストの内容の改善に役立つアイディアを示す。

○コア・テキストを修正する。
●プランニング
○改善のためのプランニングを立案する。
○英語教育プログラムの修正案を提示する。

(2) 運営組織

　課題達成のための運営組織は、どのような形にすればよいでしょうか。講座（コース）間やクラス間の調整、講座（コース）やクラス内で生ずる問題の把握、教員に対する適切なアドバイス、教育・教授に関わる問題解決への取り組み、学習環境の改善、学力の伸びの把握を組織的に行うことが求められます。

　また、英語教育プログラムは、国籍や考え方が異なる教員がともに働く職場ですから、お互いの不理解を解消する方策を探ることも課題です。さらに、50％以上の講座を担当している非常勤講師に能力を発揮してもらう方策や、彼らの声をプログラム運営に反映させる方法を探ることも重要な課題となります。

　図12-1は、上述した「責任と課題」のカテゴリーに沿って、運営組織を示した図です。プログラム・ディレクターが日本人の場合、副ディレクターはネイティヴにします。准ディレクターが日本人の場合、グループのリーダーはネイティヴにします。このように相互に補完することで意思疎通を図ることもできます。また、非常勤教員にも役割・課題に参加してもらい、非常勤の視点から問題を提起してもらうこともできます。非常勤教員にとっては、運営への参加経験は、専任教員になるための準備になるでしょう。

　たとえば、「英語Ⅰから英語Ⅱのモニターと学習評価」のグループは、准ディレクターを中心に計画・実行します。英語Ⅰ・Ⅱの講座（コース）の総クラスのモニタリングを行います。さらに、学習評価の方法の開発に取り組みます。「コア教科書グループ」は、教科書内容の修正と使用方法の開拓というきわめてはっきりした目標にもとづき、活動します。副ディレクターを中心とした「プランニング」のグループは、現行のプログラムの問題点を探り、問題解決、問題除去に向けた短期、中期、長期の計画案を策定します。このグループは、図5-1の「プランニング・プロセス」の中で示した「実行グループ」のことです。

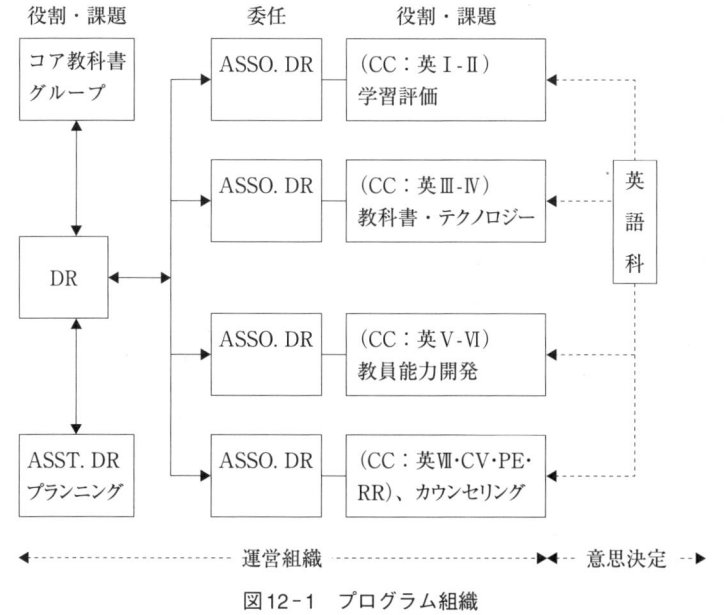

```
役割・課題        委任        役割・課題

コア教科書              ASSO. DR    (CC：英Ⅰ-Ⅱ)
グループ                             学習評価

                       ASSO. DR    (CC：英Ⅲ-Ⅳ)    英
                                    教科書・テクノロジー  語
  DR                                                 科
                       ASSO. DR    (CC：英Ⅴ-Ⅵ)
                                    教員能力開発

ASST. DR               ASSO. DR    (CC：英Ⅶ・CV・PE・
プランニング                          RR)、カウンセリング
```

←――――― 運営組織 ―――――→ ←― 意思決定 ―→

図12-1　プログラム組織

注）・DR－ディレクター．・ASSO.DR－准ディレクター．・ASST.DR－副ディレクター．・クラス・コーディネーション－CC.
・「→」は責任の委任を示し「←→」は協働による責任遂行を示す．
・英語Ⅰ－Ⅶ－英Ⅰ－Ⅶ．・英会話－CV．・実践英語－PE．・英語文献講読－RR．

2. 教科書の選定手続き

　英語教育プログラムでは、1年次で使用された教科書が2年次で使用されないように注意が払われていましたが、教科書の選択は、原則、各教員の自由裁量に任されていました。残念ながら、各講座の目的には適するとは思えない教科書が使用されていたことと、同じ教科書が20年間使用されているなど、どう見ても当事者に使用理由を確かめざるを得ない状況がありました。

　私の取り組みの1つは、どうすれば、教員に自主的に、講座（コース）に適切な教科書を選択していただけるか、学生の能力に合った教科書を選択して頂

けるかということでした。つまり、「コースと教科書内容の適合性」、「学生の技能レベルと教科書内容の適合性」、「各教員のティーチング・スキルの特徴と教科書の特徴の適合性」を教員自ら再考することができる環境を準備することでした。その目的に合わせ、教科書選択委員会を設置し、つぎの手順を踏んでいくことになりました。

Step 1. 教科書選択委員会を設置。大まかな政策を設定。
Step 2. 次年度に向け、各講座（コース）に合うと思われる教科書を推薦。推薦に際しては、教科書の特徴、どの講座（コース）や、どのレベルの学生に適切か、など、書き込むフォーム（所定の用紙）を準備。
Step 3. 教員自らが使用している教科書を推薦することもできる。
Step 4. 教科書を使用せず、プリントやコピーを適時使用する場合は、当該教材を、教科書選択委員会に提出許可を得る。各講座（コース）内容に適合する限りにおいて使用を認める。
Step 5. 推薦された教科書は、各講座（コース）ごとにリストを作成。
Step 6. 教員は、このリストの中から次年度の教科書を選択する。
Step 7. このプロセスを2・3年繰り返し、各講座（コース）に適合する教科書を精選。
Step 8. 最終的に、各講座（コース）とも5冊から6冊の教科書に絞る。
Step 9. その後も、教員から教科書の推薦を受け、教科書選択委員会で推薦教科書、冊数を決定。

3. 能力別編成

新年度のはじめに新入生に対して行われていた実力試験の結果から、今後学生の英語能力の多様化が進むと考えられました。ここでは、まず、当時の議論から能力別編成の特徴を考察します。そして、実際に実施した能力別編成について説明します。

(1) 学内の能力別編成に関する論議

　学生の運用能力を改善するために、能力別によるクラス編成が果たしてよいかどうか、という問題については、いろいろの要素が絡むために、一概に是非の判断はできません。むしろ、直面する状況によって、能力別編成が効力を発揮する場合もあれば、学籍番号順にクラス分けする方法など（仮に「均等型編成」とします）のほうがよい場合もあるかもしれません。ですから、能力別編成を導入するにしろ、均等型編成を導入するにしろ、その根拠を明確にもつことが先決であると思われます。仮に、能力別編成がうまく作動していないと判断した時でも、能力別編成導入のもともとの根拠が明確であれば、一旦その根拠に戻り、そこから「うまく作動しない」理由を探ることもできます。

1) 均等型編成を主張する人たちの考え方には、以下のような根拠がありました。
　①高校までにすでに何度も差別化を経験し、学生たちは差別化にうんざりしており、差別化をすると、勉学への動機が削がれてしまう。
　②差別化をしないで、同じクラスに能力の異なる者がいれば、自分よりできる学生を見て奮起し、学生の能力が改善される。

2) 能力別編成の導入を肯定する人たちには、次のような理由がありました。
　①大学受験のように、能力の差別化には慣れているので、今さら、大学の英語教育プログラムで能力別に分けられたからといって、彼らの学習意欲にとは、無関係である。
　②能力別編成によって、学生の現状の能力にあった教科書選択、教材提示が可能になり、学生への動機づけが可能である。

　能力別編成にしろ、均等型編成にしろ、以上の論点を見る限り、実施に当たり考慮しなければならない点が見えてきました。

　①学生たちは、学校教育の中で、すでに長い間、何らかの差別化を経験してきたことは、間違いないこと。しかし、それは、学習効果の観点から考え

て、無視できる点であるか、考慮すべき点なのかわからないこと。
②均等型編成では、能力のある学生を見て、能力の劣る学生は、能力が自分よりある学生に追いつこうと頑張るという。また、逆に、自分より能力のある学生を見て自信を失う学生がいるとも考えられ、そのような学生は、返って学習に興味を持てなくなる可能性はないだろうか。
③能力別編成では、適切な教授、教材提示ができることから、学生の勉学が増進されるとするが、同じような能力を持った学生どうしでは、むしろ自分の能力が同程度の中にいるために、安心してしまい、彼らの学習は、適切な教授、教材提示とは、まったく関係ない影響に左右されることになりはしないか。

結果、どちらのクラス編成を取る場合でも、次の2点が重要になります。
①学生の動機を削ぐ要因は、極力排除する必要があること。つまり、編成理由と編成の特徴を、教員と学生両方が熟知する必要があり、その手段を準備することが重要であることがわかりました。そうすることで、使用される編成の短所を補強し、長所を活用できると考えられます。
②継続的に学生の動機を刺激できる手段が必要であることです。その手段の1つは、学習結果や学習プロセスが、常に学生の目にみえるような環境を準備することであると思われます。つまり、英語教育プログラムは、プログラムをとおして、また、それぞれの講座をとおして、この環境を整備する必要があるということです。

(2) 能力別編成の実施

では、当時の現状はどうだったのでしょうか。トップ20％の学生は減少し、代わって中間より下位の学生数が増加していたことは、英語教育プログラムの現状把握のところでも述べました。当時クラス分けは、トップ60人ないし70人を2クラスに分け、残りの学生は英語能力の差を考慮することなくクラスに分けられていました。いわゆる均等型編成を行っていました。

上位2つのクラス以外では、能力の差がきわめて大きくなり、教育効果があ

まり期待できない状況でした。能力の差が大きい学生を1つのクラスに入れて教育する場合の肯定的意見は、できない学生はできる学生を見て奮起し、結果として、クラス全体の実力が上がるというものでした。さらに、能力によって差別することは、学生の間に差別感を生む結果となり、教育的によくないというものでした。

しかし、できない学生ができる学生を見て奮起する可能性が高くなるのは、クラス全員が学習意欲を持っているという条件の下で、できる学生ができない学生にとって到達可能な目標に成り得るときのみであると思います。上位2クラスを除けば、クラス内の学生の英語能力は、入学時の実力試験の得点でいうと最大で30点以上の差がありました。一般に教員はクラスの学生の中間層に合わせて授業をしますから、意欲のある学生は授業に興味を持てなくなる可能性が高くなります。また一方で、学習に興味を持てない学生は、勉学を放棄する可能性が高くなると考えられました。

能力別編成が学生の間の差別感を助長するのであれば、なぜ、トップ2つのクラスを特別視するのか矛盾します。教員側によい者を選別し、劣る者を外すという能力別編成に対するある種の否定的な見方が内在していたのではないでしょうか。教員側がこの考え方を放棄しない限り、能力別編成は悪しき方法のままです。能力別編成は、あくまでも、学生の現在の英語能力に合った教材や教授法を提供するためであり、基本的には学生の英語能力改善を目的にしています。決して脱落者を作ることではないと考えます。

どうすれば教員が、学生の英語能力に合った教材や教授法を選択しやすいような環境を準備することができるでしょうか。それは、能力別編成の効用を学生全員に伝えることと、教員側には、能力別編成の目的を根気よく伝えていくことです。この両者への働きかけは、毎日の学生と教員の伝達の場で、また、教員同士の伝達の場で、さらに研修の場で行う必要があります。これは、時間のかかる取り組みではありますが、これを行わず能力別編成をおこなえば、「おまえは能力がないから下のグループにいるんだ」などという否定的なメッセージを送る教員が現れるかもしれません。また、学生の中には、「下のクラスに入ったので、どうしようもない」とあきらめムードが漂うかもしれません。そう

なれば、能力別編成は形骸化し、それ本来の目的を果たせなくなります。

表12-1は、当時計画された新入生の能力別編成です。CIRPT（プレイスメント・テスト）の結果から、「A+」、「A」、「B」、「C」、「D」の5つのグループに講座を分けました。たとえば、「英語Ⅰ」という講座には、12のクラス（クラス定員25名）があり、それぞれが5つのどれかに属します。学期ごとの実力試験で伸びた学生は、座席数が許す限り、上位のグループへの移動を認めました。また、上位クラスに在籍する学生でも、本人から、下位のクラスで勉学したいという申し出があれば、本人の意思を尊重しました。

表12-1　CIRPTに編成―講座英語Ⅰの場合

クラス	スコア分布	集団	備考
E1	77-52	A+	E1には英検2級以上の保持者を含む
E2	66-62	A	
E3	62-58	A	
E4	58-54	B	
E5	54-50	B	
E6	50-47	B	
E7	46-44	C	
E8	43-41	C	
E9	40-38	C	
E10	37-34	D	
E11	34-30	D	
E12	30-19	D	

4. 成績評価

能力別編成を実施する際の困難な問題の1つは、学生の学習に対する評価をどうするかということでした。このことは、以前から問題にはなっていましたが、これも、長い間、触れたくない問題と見られていました。学習評価の問題は、英語の実力で成績をつけるのか、それとも学期ごとの学習結果をもとにするのかという考え方の違いによって起こります。

また、当時、「優」の大量生産が問題になっていました。その頃の調査で、学年の70％近くが「優」を獲得するという「優」のオンパレードが明らかとなりました。「努力の結果」、「実力向上の結果」としての「優」の実質的価値は、すでに低いものとなっていました。教員側からすれば、学生が一生懸命頑張ったのだから、「優」をあげてなぜ悪いということになるのでしょう。しかし、対外

的には、「優」の大量生産は、大学に対する不信感を生み出す原因にもなりかねません。

しかし一方で、ESLプログラムのように、実力の伸びの結果のみ基準として、成績をつけることも無理がありました。英語教育プログラムの講座が、ほかの講座と同一に扱われるカリキュラム体系の中にあり、英語の講座だけ特別扱いというわけにもいきません。

そこで、「優」の何らかの客観的基準を探すことになりました。表12-2は、未完成ではありますが、当時、学生の英語能力（実力試験の結果）をもとに、客観的基準として考案したものです。グルーピングを利用して、また、教員の判断を最大限に認める方向で、「優」の位置、「優」に期待される能力を提示しました。具体的な「優」の定義を導き出すには、プログラムの目標との関連も配慮する必要があり、さらなる調査が必要でした。

「優」の判断基準の中に「改善が期待できる」と入れたのは、やはり学生の学習評価の最終判断は、学生に1番近い教員が行うべきであるという考え方にもとづいています。提示したパーセンテージ以上の学生数が「優」に値すると判断されることもあるでしょうし、クラスC・Dでは、「優」の該当者なしという結果になるかもしれません。さらに、この基準は固定的でなく、新入生の英語能力に左右されることは言うまでもありません。この意味では、モニタリング・システムの導入が必要条件になります。

表12-2　教員のための成績評価基準：英語Ⅰ―Ⅶの場合

Group　　　　Grade	Group A+	Group A	Group B	Group C	Group D
A（優）〔Bを満たした上で〕	50％+改善が期待できる	50％+改善が期待できる	50％+改善が期待できる	50％+改善が期待できる	50％+改善が期待できる
B（良）	最大の努力	最大の努力	最大の努力	最大の努力	最大の努力
C（可）	最小限の努力	最小限の努力	最小限の努力	最小限の努力	最小限の努力
D（不可）	出席不十分	出席不十分	出席不十分	出席不十分	出席不十分

5. 求められる研修とは

　教員には、能力別編成の健全な考え方を持続していくことを含め、コミュニケーション能力、教科書が選択できる能力、カリキュラム編成能力、政策作成・実行能力、学習方法指導能力、学生とのコミュニケーション能力、英語の4スキルズの能力、異文化理解能力など、多様な能力が求められます。とはいえ、英語教育プログラムの運営において、これらの能力が漠然と要求されるわけではありません。目指すところは、「私たちのプログラム」と「私たちのプログラムを取り巻く環境」に最も適応した教員の能力の開発であるといえます。

　そこで、英語教員の能力改善を図るワークショップをプログラム運営の機能の1つと位置づけました。このワークショップは、「プログラムの問題の共通認識を持ち、問題を自ら解決する方策を探り、教育方法や学生への対応などの情報を交換する場」として計画されました。研究発表なども行いましたが、内容はあくまでもこのプログラムに関連するもので、具体的な内容を発表者にはお願いしました。将来、このワークショップが、英語教育プログラムのミッション・ヴィジョン・目標、講座の目的・目標、運営原理、カリキュラム原理などを確認し合うことができる場になることを期待しています。

　このワークショップを、年2回、前期・後期の直前に開催しました。発足当初、プログラムについての共通認識を育てる集会、講座（コース）ごとに問題や打開策を話し合う部会、教授方法など講座（コース）を跨いで議論しなければならない問題（たとえば、発音指導や成績評価の問題）を話し合う部会などを設けました。ワークショップは、「プログラムに対する共通認識」、自ら積極的に取り組むという意味での「責任」の感覚（a sense of responsibility）を作り上げる場をめざしたわけです。

6. 誰のためのテクノロジー

　私たちのカリキュラムは、コミュニケーション能力の向上を目指すものでした。学習過程において学生同士が英語で活動する過程、教員が学生を指導する過程でも、より多くのインターアクションが期待されました。問題は、この学習・指導過程にテクノロジーをどのように取り入れるべきか、ということでした。
　当時、語学教育センターには、テープ・ビデオデッキとモニター・システムを完備した教室が4教室（1教室40座席）とスタジオ設備がありました。これらをインターアクションの授業形態の中にどう取り入れるか、模索が始まりました。モニター完備の4教室を活用する手段を教員に模索してもらうため、システムの使用説明書のコピーを教員全員に配布し、使用方法の説明会が開かれました。
　教員によるスタジオ設備の活用の模索も始まりました。ある教員は、学生たちにニュースキャスターの役割を与え、スピーチの練習を指導し始めました。あるクラスでは、学生自ら自分たちの討論をスタジオ・カメラに収録し、お互いに批判し合って、英語とコミュニケーション能力の改善を図る努力が始まりました。
　また、コンピュータ・システムの活用の現状と問題点を探るため、専任の英語教員で他大学を視察することになりました。私も彼らと一緒に業者が行っていた新しいシステムの展示会場に出向き、システムの現状の把握に努めました。
　教員の視察報告や業者から受けた説明の分析の結果、私は、英語用コンピュータ・システムは、売り手の英語学習に対する考え方が大きく反映されており、現場の教員のニーズに必ずしも合致していないという結論を当時出しました。とくに、コミュニケーションを主体した教育・学習のプロセスのどの部分に使えば、学習・教育の効率を上げることができるのかという私の問題には、十分に答えていなかったと思います。
　業者の展示場に行った時のことでした。一通り説明が終わった後、私は、業者の1人に次のような質問をしました。「私の悩みの1つは、ライティングの授

業のとき、もう少し授業中に、学生たちに共通の間違いを指摘し、手直しできれば、宿題の訂正もかなり能率的にすることができると思うのですが。それは、コンピュータ上で、みんなが書いているスクリーンをチェックでき、1人の学生のスクリーンをほかの学生たちが見ることができ、そこに私の電子ペンが入り込み、その学生のものを例に、みんなに共通のミスを指摘し、理由を説明し、修正することができませんか」と尋ねました。その方は、「それは、次世代のもので今すぐには提供できません」といわれました。このシステムは、1教室30機のシステムで、約3,000万円でした。

　教育・学習・指導効果を考える時、コンピュータやインターネット活用は魅力的なものです。そこで、2つのことを計画しました。1つは、自習室を改造し、テープ・ビデオデッキだけの教室にコンピュータを入れ、CDプログラムを、学生が活用できるようにして、学生がどのような使い方をするのかモニターすること。もう1つは、テープデッキとモニター・システムを完備した教室の1つを、コンピュータ・インターネット教室に改造し、実験教室として、教員に授業で活用してもらい、私たちのプログラムの使命と目標に合致した、インターネットや機器の活用方法を確立していくというものでした。

　この2つの計画は順調にいくかに見えましたが、自習室を活用する学生数が、PR不足もあり期待したほど増えませんでした。のちに、学部執行部の判断で、億単位の投資をし、4教室すべてがコンピュータ教室に改造されました。

　教育現場では、インターネット、CALLシステム、ホワイトボード、プロジェクター、OHP、テープレコーダー、CDカセットテープ、管理用ソフト、レーザープレーヤー、さらに、チョークや黒板も、すべてテクノロジーです。どのようなテクノロジーを活用するかは、それぞれの英語教育プログラムの「使命」・「目標」の達成に必要な指導・学習方法に合わせて判断されるべきではないでしょうか。

　それから、数年が経った今、インターネットを活用した指導方法や学習方法が開発されてきています。

　テクノロジーの活用は、1）プログラム運営（経営面）機能の効率化を図る、2）資源（金・施設・人）を有効活用する、3）教員のエネルギーと時間を学生

との直接的教育活動へ還元するという観点から重要であると思います。しかし、私たちが経験したテクノロジー導入の過程は、かならずしも、学習・教育・指導効果の向上を目指したものではありませんでした。一体誰のためのテクノロジーだったのか疑問の残るところです。

まとめ

　この章では、英語教育プログラムの運営改善のために実行した6つの課題について見ていきました。第1節で、プログラムを運営するために必要な機能の確立と運営組織について、第2節で、教科書の選定過程の整備について、第3節で、能力別編成の特徴と実施に際して考慮すべき点について、第4節で、成績評価の困難さと1つの試みについて考察しました。第5節では、ワークショップを活用した英語教員の教授能力・意識改善について、最後に、テクノロジーの有効活用について考察しました。
　第13章では、英語教育プログラムの改善過程で起きた問題とその対応について見ていきます。

第13章

何が起きたか

　さて、プランニングをとおして、英語教育講座群のプログラム化を図ったわけですが、実際のマネジメントでは、いろいろの問題が起きました。この章では、ディレクターとして直面した問題の中で、困難を伴った問題のいくつかを振り返ってみたいと思います。みなさんの現場での問題解決の参考になればと思います。まず、第1節では、授業評価の問題について、第2節では、教科書の選択の問題について触れます。第3節では、コア・テキスト作成に至る経緯とその内容について、第4節では、教員人事の問題について、そして、最後に、ディレクターの辞任に至る経緯を追って、ディレクターの責任（responsibilities）について考えてみたいと思います。

1. 授業評価

　英語教育プログラムで、最も議論をかわし、時間をかけて取り組んだものの1つが、授業評価の問題でした。授業評価実施の懸案は、もともと学部執行部からきたものであり、学内でもこの導入には反対も多くありました。この節では、英語教育への授業評価導入と実施過程を、①導入の経緯、②評価内容、③評価結果の扱い、④実施の手順について見ます。そして、最後に、⑤教員と学生両者が評価結果の見方を学ぶことの重要性について考えます。

(1) 授業評価導入の意義

　学部執行部の意思を踏まえ、語学教育センター委員会でも、授業評価の実施の懸念を議論することになりました。当時、専任教員の多くは、授業評価の導入には、きわめて消極的でした。なぜ、学生たちに評価を受けなければならないのか、まともに講座にも出席していない学生たちや、ろくに勉強もしない学生たちにも、授業評価をすることを認めるのはおかしい、という意見など授業評価を非難する声も上がっていました。また、授業評価の結果が悪用され、昇格の時などに否定的に使われるのではないか、という不安もあったようです。当時の語学教育センター委員会の議事録を読み返しても、委員たちの不安が彼らの言葉に表れています。学部執行部は、授業評価の導入はほのめかすものの、その目的を明示することはありませんでした。この意味で、教員の不安は、私としても理解できるものでした。

　しかし、私は、この学部の英語教育にとって、授業評価の導入は、つぎの理由から重要だと考えていました。英語教員のかなりの方々は、長い間教授法を見直しておられなかったようでしたし、学生からも、授業に対する不満が、かなり多くありました。授業評価を実施することで、教員たちがもう一度、授業を見直し、英語教育の方針を見直すチャンスができることを、私は期待しました。

(2) 評価内容

　そのためには、英語教員たちが、自分たちで合意できる授業評価の質問項目を作成する必要がありましたし、評価の結果が、彼らの毎日の教授を妨げるようなことのないよう、その使い方をはっきりさせる必要もありました。質問項目の作成には、日本とアメリカの5つの大学から集めた質問項目をもとに、英語教育プログラムの教員たちが、自らの授業を改善するために、学生たちに尋ねたい項目を作成していきました。ディレクターである私は、資料提供した以外は、その作成プロセスには関与することを避けました。この質問の内容については、おおむね合意を得られたのではないかと思います。英文で作成した原案を日本語に翻訳し、原案をまとめた教員以外の教員に、日本語と英語の質問内容が同じであることを確認して頂いた上で、授業評価の質問用紙が完成しま

した。下記のものは、当時、作成した質問項目です。

〈学生の自己評価〉
○私は授業に真剣に取り組み、積極的に参加した。
○私は授業についていくために、予習を欠かさなかった。
○私は、試験、個人発表、レポート提出、討論などに、一生懸命取り組んだ。
○私は毎回授業に出席し、時間どおりに教室に入った。
○授業の内容は、私の学習意欲を喚起した。
○私は授業目標に設定された言語能力（たとえば、聞き取りの力、話す力）を向上させることができた。

〈授業評価〉
○授業目標は明確であった。
○授業内容は明確であり、興味深かった。
○授業内容は全体として体系的に整っていた。
○先生は授業内容やスケジュールの変更に柔軟であった。
○先生は意欲的に授業を進め、学生を積極的に参加させた。
○先生は学生の理解度を配慮していた。
○先生は授業の準備を十分行っていた。
○授業教材（教科書やコピー配布物）は有益であった。
○毎回の授業で使用された教材の量は適当であった。
○宿題の量は適当であった。
○授業中、学生は先生に協力的であった。
○先生は授業中や授業外で、学生の質問や意見に親切に応じていた。
○先生は学生との円滑なコミュニケーションを図る努力をした。

〈学務関係〉
○学生数は授業を進める上で適切であった。
○教室の大きさは授業を進める上で適切であった。

〈要望欄〉授業に関する要望、意見などを自由に書いてください。

(3) 評価結果の扱い

　さらに、結果の活用についての合意も必要でした。語学教育センター委員会の会合で議論の末、評価結果は本人に渡すこととし、英語教育プログラムのディレクターと語学教育センター委員長のみが、英語教員全員の評価結果を閲覧できるとしました。さらに、授業評価の結果は、昇格などの資料として使用することを禁止し、あくまでも、教員個人の授業改善の手段の1つと位置づけました。教員に自らの教授方法、学生たち、教材、英語教育の目標に目を向けてもらいたかったからです。

　多くの大学が授業評価を導入する理由は、むしろ、昇格などの人事に反映させることで、個人の教授能力の向上を図る意図があると思います。私たちの場合、この導入理由には、私は2つの理由で慎重にならざるを得ませんでした。

　1つは、昇格や人事（たとえば、非常勤の再雇用）関連の意思決定過程が、公平さを保たれるシステムになっているか。つまり、授業評価結果が活用される範疇が明確であるかという問題でした。

　2つめは、プログラム運営に際して、最も要求されるものは、教員同士の「協働」の精神です。英語教育プログラムでも、高等教育機関の一般的特徴である、個人を主体にした業績主義が中心で、教員同士が「協働」に慣れていないという現実がありました。この現状を打開するために、どうしても教員の自発的な「協働」を啓発する必要がありました。しかし、個人を基準にした授業評価が、どの程度「協働」精神の改善に役立つのか疑問でした。とはいえ、教員個々の教授力改善や学生を主体にした授業を模索することは重要な課題であることに間違いはありませんでした。

(4) 実施の手順

　つぎに熟慮すべき点は、授業評価の結果の信頼性と公正さを高めることでした。そのために、授業評価は実施過程で、主観的な力に影響されず、客観的に取り扱われる必要がありました。そこで、私たちは、語学教育センターの協力を得て、透明性のある、つぎのような一連の手続きを設定し実施しました。

［授業評価の実施手順］
① 常勤・非常勤の先生方へ授業評価実施について通知する。
② 評価項目紙とプログラミング・カード（年度、教科、教員名、クラスをコード化したもの）を準備する。
③ 評価項目紙、カード、コードを記載した票をクラスごとに準備する。
④ 各教員は、授業前に語学教育センターで、評価項目紙とカードが入った封筒を受け取る。コードを記載した票は、封筒の表に張ってある。
⑤ 授業の終わり10分から15分を使い、授業評価を実施する。
・教員は授業評価の主旨と記入方法を説明する。
・学生を1人指名し、授業評価紙とカードを回収し、封筒を閉じて語学教育センターに戻すように指示し、教員は退出する。
⑥ 語学教育センターは、学生が回収した授業評価紙とカードを保管、計算処理する。
⑦ 授業評価結果は、各教員に郵送され、同時に、語学教育センターに保管、管理される。

(5) 評価結果の見方

そして、私の最大の課題は、どうすれば、英語教員たちが、授業評価の結果を当人に対する批判と捉えるのではなく、教授法を改善するのに役立つ道具と見てくれるだろうか、ということでした。この課題を達成するには、英語教員が授業評価の適切な見かたを学ぶことであると同時に、学生もまた、授業評価の目的と授業評価に対する適切な姿勢を学ぶことであると考えました。つまり、英語教育プログラムをあげて、「授業評価の目的」を学ぶことでした。

1) 教員が学ぶこと

ある日の午後、私が、語学教育センターのソファに腰かけ、やり残した仕事を片付けていると、1人の英語教員が声をかけてきました。私と目が合うや否や、この方からこんな言葉が飛び出してきました。「先生、授業評価のことですが、どの程度の点を取ればよいのですか。」

私は一呼吸おいてから、つぎのように答えました。「5段階評価なので、3が普通です。ですから、3あればよいのではないですか。」続けて、「でも、大切なのは、2とか3とかよりも、評価用紙に学生が書いてくれたコメントで、これから、何を読み取ることができるかが大切です。そこから、授業の改善のヒントを得てください」というと、その教員は、つぎのように言葉を続けました。「中傷や、恨みごとなどを書く学生もいます。そんな人たちの言葉まで、マトモに受け取るのですか」と。

　授業評価を毎学期、毎年繰り返していると、同じ内容を講義しても、必ずしも同じ評価を得るとは限らないことがわかります。中には、折り合いの悪くなった学生もいるでしょう。ですから、昨年、評点4を得たからといって、今年もまた、昨年と同じような授業展開をして、評点4を得ることができるとは限りません。場合によっては、評点4を得るために、昨年とかなり異なる授業を展開しなければならないかもしれません。コメントの内容も、同じ講座であっても、年度やクラス（レベル分けをしている）の違いによっても異なるでしょう。要は、「今回、どうして評点4なのか」、また、「コメントのどこに、授業を改善するヒントが、隠されているのか」を探ることができる目を訓練することが、教員にとって重要であると思います。

2) 学生が学ぶこと
　私たち教員は、学生が授業評価の捉え方を学ぶ必要があることを、案外忘れているのではないかと思います。そもそも、授業評価は、学生の英語能力を改善、向上させることが目的で、学生の人気取りの道具ではありません。ときどき、授業評価を擁護する教授たちからこんな言葉を聞きます。「学生たちは、教員が思っている以上に、よく見ている」と。この言葉は、一部の研究結果から支持されているもののようです。

　この言葉の裏には、消費者のプロダクトに対する厳しい目があるから、消費者としての学生も、もともとそのような目を持っているという前提条件があるように思えます。それは、消費者が、プロダクトの価値があるかどうか厳しく判断し、その結果、商品が受け入れられなければ、売れなくなるとい

う市場原理が根拠になっています。消費者にとっても、提供者にとっても非常に分かりやすい見方です。私の疑問は、「本当にそうか」ということです。

　学生の英語能力という「プロダクト」は、第2章-6のところでも述べましたが、教員には見えにくいもので、しかも、当の学生にも見えにくいものです。ましてや、授業がどの程度、「プロダクト」の改善につながったかということを客観的に判断することは、教員が判断（試験や観察）するより、はるかに困難を伴うのではないでしょうか。ですから、もし授業評価の目的が、学生の英語能力の改善・向上であるなら、かなりの部分、学生の主観的な判断に頼る以外にないと思います。そうすると、学生も授業をよくしようとする建設的な考え方や、授業評価の意味・目的を熟知することが、どうしても大切になります。この積み重ねが、「プロダクト」の価値を高める授業を再認識することにつながると思います。つまり、学生と教員の共同作業によって、はじめて授業の改善もあるのではないかということです。

　授業評価は、学生から意見を得て授業を改善することに主眼があります。学生からの建設的意見やコメントが重要になりますし、評価項目に対する学生の適切な理解も要求されます。私たちは、英語学習のプロセスの中で、学生に授業評価の適切な見方を学んでもらうために、英語教育プログラムで作成したコア・テキストの中に、授業評価の目的や重要性について説明したユニットを組み込みました。コア・テキストについては、第3節で触れます。

2. 教科書の選択

　学生の能力改善のプロセスにはいろいろな要因が影響するので、教育の質を保証するには努力を要します。また、英語能力と一言でいっても、いろいろな能力の複合体ですから、これを1つの方法で教育の質を保証するには無理があります。そこで、方法をいくつか準備しなければならなかったのですが、その方法の1つが「教科書の採択手続き」を明文化し、実施することでした。

　この節では、まず、①教科書選定の過程で、私たち教員が陥りやすい問題点、

②採択に向けたプログラムの取り組み、③教員とのトラブル、④教科書採択のさらなる改善について、順を追って見ていきましょう。

(1) 教科書の落とし穴

　当時、教科書の選択は教員各自に任されていました。つぎの年度の英語教科書一覧が学部のシラバスに掲載されていたので目をとおすと、言語運用能力（proficiency）の改善を目標にしているはずが、10年も前に出版された教科書が使われていたり、Speakingのクラスであるはずが、教科書のタイトルを見ても、どのようにクラスでSpeakingを教えるのか理解に苦しむような教科書もありました。

　教員であれば、使いやすかった教科書、思い出の多い教科書は、誰にでもあるのではないでしょうか。実は、私にもあります。サウス・カロライナ大学の国際ビジネスの大学院生を相手に日本語・文化を教えていたときのことです。その教科書は、ページ数の制限もあったのでしょうか、内容が凝縮されていて、文化を形成する価値観を学生と議論するには大変ユニークなものでした。しかし、今振り返ってみると、日本語の運用能力を改善する目的には、それほど適していたとは思えません。私自身が、教科内容の肯定的な評価と教科書への愛着とを混同して、その教科書の使用を正当化してしまっていたようです。教員であれば誰しも陥る落とし穴ですが、気をつけなければならない点であると思います。

(2) 採択に向けた取り組み

　英語教員からの抵抗をかわしながら、教育の質の維持と改善の方法となる「教科書の採択手続き」を作るには、どのような段階を踏んで行けばよいのでしょうか。これは、ひじょうに頭の痛い問題でした。どのような方法を取るにしろ、かならず教員からの抵抗にあうでしょうし、それを避けることはできないだろうと思いました。できることは、教科書の選択が、学生、教員、プログラムにとって良いことであることを理解してもらう以外にないと考えていました。

　理解してもらうために、私は、全員の教員を下記の3つカテゴリーに分け、段

階を踏んで、各カテゴリーに属する先生方に、理解を求めることにしました。第1グループは、教科書選択に賛成する教員；第2グループは、新しい教科書の使用には抵抗があるが、英語教育プログラムの目標には賛成してくれる教員；そして、第3グループは、今までの習慣を変えたくない教員のグループです。

まず、教科書選定委員会を設置し、全体の教員に対して、「教科書採択手続き」の重要性を説明し、適切な教科書を推薦するように呼びかけました。基本的には、推薦された教科書はすべて受け入れることとしました。教科書選定委員会は、出版社から大量の教科書を集め、教科書のレベルの適正を調べ、教科書推薦が容易にできるように、推薦書の形式と基準を作成しました。さらに、語学教育センターの会議室に本棚を設置し、そこに、集めた教科書を講座（コース）ごとに配列し整理しなおし、常勤・非常勤を問わず、必要に応じて、誰でもいつでも閲覧できるようにしました。大変な作業だったと思います。当時ご協力いただいた先生方には、今でも感謝しております。

教員が自由な教科書閲覧の機会をもつことで、教科書と各コースの内容の関連性に関心を持ってくれることを期待しました。委員会を設置することで、まず、第1グループの先生方から支持を取りつけることを目論んだわけです。

第2グループの先生方からは、注意深いアプローチが必要になりました。先生方には、まず、教育の質の確保に「教科書採択手続き」が重要である点を説明していくとともに、教科書の選択はある特定の教員の興味や利益の追求でないことを強調しました。そして、各講座（コース）に適切だと思われる教科書は、教員は誰でも推薦できるようにし、採択された教科書は、全員の声を反映したものである点を強調しました。極端に言えば、10年以上使用している教科書でも、当人が「これは、この講座（コース）に適した教科書である」と思えば、教科書選定委員会に推薦できるというものです。

このような措置を採ることで、間接的に第3グループの先生方の意識が、少しでも変わることを期待していました。しかし、そうは問屋が卸しませんでした。

(3) 教員との狭間で

　2年後、新しいカリキュラムの採択と同時に、全教員に対して、英語教育プログラムが指定した中から教科書を選択するように義務づけました。ただし、選択できる教科書の数は、各講座（コース）とも数冊程度は準備し、可能な限り教員の選択権を認めるようにしました。さらに、選択のリストに載っていない教科書でも良いものがあれば、教科書選定委員会に提出し、次年度の選択教科書として審査を受けることができるようにしました。また、教科書を配布物（コピー）などで代用する場合は、教科書選定委員会にこの配布物（教科書の代わり）の提出を義務づけ、使用許可を得ることとしました。こうすることで、教員の教科書を選択する権利と教育の質の維持・改善のバランスを図ったわけです。

　実際には、最後まで抵抗なさる先生方もおいでになりました。先ほども述べましたが、決して、その先生方の気持ちがわからないわけではなかったのですが、しかし、これだけの大所帯をまとめて、しかも、全学生に英語の力をつけてもらい、同時に、教員の英語教授法の改善を刺激するには、避けて通れないことだと考えてのことでした。

　学年末も差し迫った3月、語学教育センターのスタッフから、「来年度使用する教科書名をまだ提出されない教員がいるので何とかしてくれ」という連絡があり、困ったものだと思いつつ、その先生のお宅へ電話を入れました。何でも忘れていたとのことで、返事を逃げられそうになりました。新学期まであと2週間もないし、今から発注しても授業開始までに間に合うかどうか危ういので、是非、即決してくれと頼んだのです。この方曰く、「優れた、良い教員は、十分時間を費やして教科書は選ぶもの」だそうです。この方からは、2日後にご返事をいただいたと思います。

　この手の抵抗は、いろんな形で現れました。それぞれの抵抗に対して対処しなければならなかったのですが、教員に伝えるメッセージは、手段は違っても同一でなければならないと思っていました。でないと、すべての教員に公正さを欠いてしまいますし、方針を理解してもらえないでしょう。

(4) さらなる改善

　「教科書の採択手続き」を確立する上で、ディレクターとして熟慮した点は、各教員のよさを最大限クラスで発揮できるようにするということでした。これは、当然、教育の質にも関わってきます。教員は学生に1番近いところにいます。この意味では、教員は学生の能力を1番よく理解できる位置にいるわけです。しかし、教員もまた人間です。自分の都合で物ごとを合理化するときもあります。その1つが教科書の選択だったのです。「教科書の採択手続き」を踏むことで、教員全員が客観的に教科書内容とコース内容の関連について考える機会を得ることができたのではないでしょうか。

　「教科書採択手続き」方法が一応、動き始めましたが、まだ、問題は残っていました。その後、入学時の学生の英語能力に急激に大幅な差が出はじめたため、中級レベルを主体に選択した教科書群が、全講座（コース）で使用できなくなりはじめました。初級から中級レベルの教科書も含めざるを得なくなったのです。英語教育プログラム全体の質の維持と、現実的な取り組みとのバランスを取る必要が出てきました。

　この節では、教科書の採択に関連した問題に焦点を当て、見てきました。

3. コア・テキストブック

　教科書の作成には、エネルギーと時間を相当に費やすことを覚悟しなければなりません。また、満足できる教科書はなかなかできないものです。にもかかわらず、なぜ、あえて、英語教育プログラム用の「コア・テキストブック」の作成に踏み切ったのか。しかも、この教科書作成に当たっては、正直、私が主導した経緯があったことは否定できません。

　この節では、まず、コア・テキスト誕生の経緯、続いて、このテキストの「はじめ」の部分から目的と試みを見てみます。さらに、コアを「目次」から外観した後、このテキストの辿った運命に触れます。

(1) コア・テキスト誕生

　英語教育の講座群をプログラム化するにしても、単に組織化すればうまくいくというものではありません。プログラムを動かすのは、教員各自の意志と、気持ちを高揚させる使命感や組織理念であり、具現化された目的や目標です。教員を1つにできる教育上の方針、手段（アプローチ）は何か。この問いを考えあぐねた結果行き着いたのが、教育内容を学生の日常生活と学習により接近させること、そして、学生に適した学習方法を提案することであり、この2つを、教員の「協働」作業をとおして集約することでした。その手段（アプローチ）として考え出されたのが、『Learning Strategies for English Language』というコア・テキストでした。

(2) コア・テキストの目的と試み

　学生に対しても、この方針を学習者の立場から理解していただくために、コア・テキストの「はじめ」と目次の部分にこれを盛り込みました。「学生のみなさんへ」という言葉で始まる部分を、少し長いですが、この方針を具体的に説明したものですので下に記載しました。

　「高等学校までの英語教育は英語についての知識を身につけるのに、ある程度役に立ちましたが、こと"実際のコミュニケーションの手段として英語を学んだか"というと、必ずしもそうではありませんでした。では、受験勉強とはいえ、あれだけの時間とエネルギーを費やしたにもかかわらず、英語を使えないのはなぜなのでしょうか。それは、とにもかくにも英語を使う練習、「トレーニング」が欠落していたからです。決してみなさんの能力不足ではありません。

　欠落した理由として、確かに受験のための、つまり学習した知識をもとに、試験用紙にある質問に上手に答えるための学習をしてきたことも1つの理由です。しかし、決定的理由は、英語学習の目標を"どれだけ知っているか"にのみ置き、"どれだけ使える能力がついたか"に置かなかったことです。ですから、みなさん方は、"これだけ勉強したのに、どうして話せないのか、書けないのか"と、つい自問してしまい、最悪のケースでは、すっかり英語学習に愛想がつき、自信さえ失ってしまうのです。英語に限らずすべての言語は、"誰もが

使える"ことを前提に作られたはずです。でないと、コミュニケーションの手段にはなり得ないからです。

　この教科書は、英語学習の目標"どれだけ使える能力がついたか"を達成するために必要な点を可能な限り提示しています。提示の方法は、ときには説明文の内容であったり、ときには、練習問題であったり、ときには、練習問題の答えであったりします。また、学習方法がユニット（各章）全体をとおして示されている場合もあります。文章は、わかりやすい英語で書かれています。キーとなる言葉や内容は繰り返し出てきます。内容は英語学習に不可欠な内容です。したがって、教科書中の表現方法や言葉を使って、自分なりの理解や考えを、実際のコミュニケーションに運用できるチャンスが一層拡大するわけです。

　これを、実際のトレーニングに関連づけようとしたのが、ユニット1、2、3の内容です。みなさんの英語学習の目標を考えるのに役に立ち、キャンパス内での英語学習の機会を考え、互いに英語で話し合えるチャンスを提供しています。また、教室内に実際のコミュニケーションの場を作ります。それで、長い間忘れてきた"本来の英語学習"に、特に、"話して通じる、理解できる"ことに、自信を回復し、また、自信をつけることにもなります。それは、各自の動機づけにもつながるでしょう。ユニット2はちょうどそのような内容を扱っています。

　教科書の後半部分、ユニット4、5、6、7は、学習方法を段階を踏んで説明しています。これを参考に是非、自分独自の学習方法を開発してみてください。この教科書を終了することで、実際に英語が使えるように、4つのスキル（読む、書く、話す、聞く）を身につけることができます。この教科書を何度も読み返すことで、速読の練習にもなります。各ユニットにある練習問題は書く練習にも活用できます。教員と共通の話題を話し合うことで「聞く」・「話す」の練習も当然できます。教科書にある説明文、問題文、チャート（図）すべてが学習の材料なのです。

　最後に、この教科書の内容には、個々の到達目標の設定に役立つようにプレイスメント・テストの年間計画なども含まれています。4年間の学習スケジュールを組み、4年後には、各自の目標に到達し、より広い世界へ旅立てるよう

期待します。そのためには、英語教育プログラムは努力を惜しまないつもりです。英語教育プログラム」

(3) コア・テキストの内容

　つぎに英語教員に対して、英文でこのコア・テキストの目的、目標、各ユニットの目的が記載されています。続いて英語で目次が、下記のように記載されています。

Unit 1: Introduction to the program.（"L"は、"Lesson"のこと）

　　L1: The English curriculum at the college of international relations.

　　L2: Goals

　　L3: Classroom environment

　　L4: Placement test

　　L5: Course evaluations

Unit 2: Why study English?

Unit 3: University resources

　　L1: The library

　　L2: The AV Center independent study room

Unit 4: Listening strategies

　　L1: When do you listen well?

　　L2: More strategies to improve listening

　　L3: What to listen for

　　L4: Different kinds of listening tasks

Unit 5: Speaking strategies

　　L1: Questions

　　L2: Details

　　L3: Effective speaking

　　L4: Interactions

Unit 6: Reading strategies

　　L1: Reading strategies - Skimming

L2: Reading strategies - Scanning

　　L3: Reading strategies - Inferring

Unit 7: Writing strategies

　　L1: Writing an outline

　　L2: Writing a composition

　　L3: Editing

　　L4: Rewriting

　このコア・テキストを使用したコース（講座）は7つある講座のうちの最初のもの、「英語Ⅰ」のみでした。残りの英語Ⅱ－Ⅶの講座には、前節の「教科書の採択手続き」のところでも述べたように、それぞれ数冊の市販教科書を準備しました。

(4) コア・テキストの運命

　さて、このコア・テキストブックが、教員にどのように受け入れられたのか、述べる必要があるでしょう。このテキストの評価については、実のところ賛否両論があり、欠点も多く指摘されました。過去にコア・テキストのような教科書を扱った経験のある教員が少なかったことや、内容がやや平坦で、学生に興味を持たせるのが難しいといったことも影響していたのかもしれません。

　しかし一方で、この新しい取り組みに賛同し支援くださった先生方もいらっしゃいました。彼らは、学生が英語学習そのものに注意を払わずにきていて、そのことが英語学習を難しくしているにもかかわらず、この点に関して、誰も学生に手をさしのべていないと考えていました。

　最後に、このテキストの活用について私の見解を述べる必要があるでしょう。このテキストを講座で使用したのは2年間だけでした。使用しなくなったのは、私がディレクター職を辞任したことで、その後のテキストの改善や研修をする者がいなくなったことが大きな原因です。私の反省すべき点です。

　もう1つの原因は、クラスの中で、「英語を訓練する」ということに、私たち教員が熟達していなかったことです。当時、このテキストの内容をどの程度教

材として学生に提示するかは、教員の裁量に任せていました。しかし、教員から返ってくる言葉は、内容が多すぎて教えるのは無理だというものが多かったように思います。私が主張したコア・テキストの取り扱いに対する教員の役割は、学生各自の学習方法を開発する支援をすること、練習の機会を増やすことときわめて明快であったと思います。これらの目的を達成する限りにおいて、授業で扱う内容は自由に調整できたのです。最後に、この場を借りて、このテキスト執筆に尽力くださった先生方、支援くださった先生方に厚くお礼申し上げます。

4. セメスター制

英語教育プログラムの改善計画が具体化した頃、それまで学部の教育方針として表になかったセメスター制の導入が、にわかに騒がれ始めました。セメスター制というのは、今まで通年で行っている講座を15週間程度の学期制を年2回展開するというもので、2単位の講座は週1回、4単位の講座は週2回展開するものです。今では当たり前に聞く用語になった感さえあります。英語教育や他の外国語教育もそれに沿う講座変更が期待されましたが、英語教育の当初の改善計画には、セメスター制は含まれていませんでした。

私は、英語教育の代表者として、臨時に設置されたカリキュラム検討委員会で、セメスター制の導入とカリキュラム改善を検討することになりました。結果、現行の学部の教学組織の観点からして、セメスター制のメリットが明確でないし、実施までに2年から3年の準備期間が必要であるという理由で、一般講座群にセメスター制を早急に導入することは見送られました。しかし、英語を含む語学教育には、1学期に4つの講座で4冊の異なる教科書を使用するより、週2回1つの講座を展開することで、学生は2冊の教科書と2つの講座（コース）のみに短期集中でき、学習効果が上がるという趣旨で、セメスター制を採用することになりました。

当時、私もセメスター制推進派の1人でした。上述したように学生が教科内

容を集中して勉学できるということが最も魅力的なことでした。また、この学部の歴史的背景を見ると、設立当初から、1・2学年生に対して語学学習を集中させていました。しかし、臨時定員増の頃から、集中型による教育形態が崩れ、高等教育の大綱化の頃には、1・2学年の集中型による教育形態をあきらめ、4年間で教育成果を出そうと縦に長い教育形態に変更していきました。そのため、当然のごとく、入学生の英語力低下を補うだけの教育効果を1・2学年で期待できなくなりました。財政的理由から授業時間数を増やすこともできず、私の目には、セメスター制の導入がこの欠点を埋める1つの策に見えたのです。

しかし、問題もありました。語学教育センターでセメスター制導入を推進することになったのですが、曜日によって、週2日来ていただける非常勤教員数を確保できないことが分かりました。また、カリキュラム構造上1講座分どうしても週2日展開できないことがわかり、この1講座については通年で展開することになりました。

さらに、今まで以上に集中して学習できるメリットがあるとは言え、セメスター制実施後、何か追い回されている感もなくはありませんでした。これは、学生の学習意欲や教員の士気の陰りの影響かもしれません。やはり、私がアメリカの大学で経験したように、学期の中間には、適切な日数を設け、それまで勉学した内容を復習し評価する、できれば1・2日の休日が入るシステムの導入が不可欠だったようです。また、学期開始の前の1週間は、講座準備に時間とエネルギーを費やせるような取り決めをし、セメスター制度を無理なく運用する工夫が必要でした。少なくとも、英語教育プログラムで効果を出すためには、重要なことだったと思います。

5. 英語教員の人事

　英語教育プログラムは、ほかの外国語プログラム同様、語学教育センターの下部組織であったため、英語教員を採用する場合、基本的にはそれぞれの語種の教授（助教授、専任講師は除外）が集まり、採用したい候補者を学部の人事委員会に推薦する方式を取っていました。

　ディレクターである私は助教授であったため、候補者選択の会議に出席できませんでしたが、当時の語学教育センター委員長が英語担当の教授であったこともあって、当初2年ぐらいは、私の意見を踏まえ、採用の候補者を人事委員会に推薦していました。

　矛盾に気づいたのは、新任の英語教員（ネイティヴ）が誰か、教授会の後ではじめて知らされるようになったときからでした。現場に1番近い教員の意見や、英語教育改革を推進しているディレクターとしても、この推進に必要な人材を当然念頭に置いていました。当時、ネイティヴ教員の任期は3年だったので、2年後、3年後に実施する施策を推進していってくれる人材が欲しいと考えていましたが、いつの間にか、人事が決定されている状況を目の当たりにすることになったのです。

　この時点から、この組織には、英語教育の責任者ということで、私の名前を名目上、文書には明記してはいますが、実質的には「ディレクター」の認知度が低いことがわかりました。これに対処する方法は2つあったと思います。第1の方法は、ディレクターとして、英語教育担当の教授連中の人事絡みの会議に、助教授である私を参加させるよう説得する方法です。もう1つは、ネイティヴ教員の契約交渉をこちらから買って出て、赴任前にお互い知り合い、英語教育プログラムが期待する責任事項などを説明しておくということです。私は後者を選択しました。

6. ディレクターの辞任

　TOEFL、TOEICをモニタリングのためのテストとして採用するかどうかを、英語教員の間で話し合った時のことです。第11章－1でも述べたように、学部執行部や教授の多くは、就職など外部へのアピールのためにも、TOEFL、TOEICの導入を希望していました。一方、英語教員はそれには反対していました。TOEFLやTOEICの受験をすべての学生に要求すれば、テストの点数イコール教育の結果と受け取られ、講座で教育しているコミュニケーション能力、異文化理解など、必ずしもテスト結果に反映しないものが無視され、不当な評価につながるのではないかという不安がありました。

　英語教員との議論の結果、英語教育プログラムは、TOEFL、TOEICの導入は、原則として3・4学年生の希望者のみに対して実施し、1・2学年生で受験を希望する者には受験を認めることとし、ただし、1学年生のプレイスメント・テストには、TOEFL、TOEICは使用しないということで同意して頂きました。

　TOEFL、TOEICの取り扱いについて、上層部と英語教員との間の誤解を避けるために、この結論を上位に位置する語学教育センター長に、まず口頭で伝えました。それから、私はこの内容を「入学時のプレイスメント・テストのためのテスト採用について」と「3・4学年生に対するTOEFL・TOEICの導入について」という2つの提案に分け、文書にして語学教育センター長に提出する準備をしていました。

　その後、語学教育センター長が交代し、新しい教授がこのポジションに着かれました。教務部長は、現行の改革を継続できるようにセンター長の人選を配慮したとおっしゃっておられました。しかし、この方は、理由はわかりませんが、TOEFLの信奉者でした。

　そこで、新たな問題が生じました。それは、英語教員とやっと合意にこぎ着けたTOEFL、TOEICの扱いを、この新任のセンター長に確約していただく必要が出たことです。私と2人で話しても、この件で合意に達するのは無理があると考え、教務部長に仲介に入ってもらい、打開策を探ることにしました。彼

には、この話し合いの重要性はすでに伝えていましたが、しかし話し合い当日、話し合いに欠席する旨を伝えてこられました。予想どおり、新任のセンター長と私の話し合いは成立しませんでした。

　さて、話をTOEFL、TOEICの扱いに戻しましょう。新任のセンター長は、この2つの提案書を1つにまとめてしまい、英語教員が最後まで反対していた新入生に対するプレイスメント・テストにもTOEFLを採用する形で、しかも、語学教育センター委員会で再度英語教員が反対意見を表明したにもかかわらず、その実施を強引に決めてしまいました。

　私は、当然ながら、英語教育プログラムのディレクターとして、センター長に抗議しました。この時点で、語学教育委員センター長と英語教員の関係は最悪な状態となりました。ディレクターとして私は、センター長に、英語教員の主張をもっと真剣に熟慮してほしいこと、英語教員の間で、TOEFL・TOEICの導入については、合意に達するまでに、2年近くを有したことについて説明しました。

　そして、対立を緩和するため、ディレクターをほかの教員に代わっていただき、私は、英語教育プログラムの運営から退くことにしました。その後しばらくして、新入生に対するプレイスメント・テストに導入したTOEFLの採用は、取り止めとなりました。結局、当時提案した「2つの提案書」が、実質的に採用されることになったのです。

　最後に自問しなければならないことは、ディレクター職からの辞任は避けることができなかったのか、ということです。「辞任しない」という結果を優先させれば、当然あったといわざるを得ません。つまり、語学教育センター長の案（前述した2つの提案を1つにした提案）を受け入れ、英語教員にこの案を呑んでもらうという方法です。しかし、この方法を取れば、彼らの士気は低下するでしょうし、学部内でやっと認知され始めたディレクター（責任者）職への信頼は地に落ちます。ましてや、2年もの期間を置き、慎重に扱ってきた懸案です。彼らの失望は大きかったに違いありません。では、私が辞任することで、彼らの失望や怒りが納まったのかといえば、それもそうとは言い切れない部分があります。この辺の判断が難しいところです。

私としては、当事者（私のこと）が辞任することで、新しいディレクターに新たな打開策を期待しようとする雰囲気が英語教員の間に生まれ、結果、彼らの怒りや失望から来る士気の低下が最小限に抑えられることを望んでいました。

まとめ

この章では、英語教育の改善のプランニングで、起きた問題、課題、失敗に焦点を当てて見てきました。第1節では、授業評価について、授業「学生の英語能力」の向上という観点から評価項目を捉え直し、評価手順を探りました。第2節では、教科書について、講座内容、学生の英語能力に合った教科書の選択方法を探りました。第3節では、コア・テキストブックを作成した経緯と内容について見ました。第4節では、セメスター制導入の英語教育プログラムへの影響について見ました。第5節では、英語教員の人事に触れ、ディレクターの役割と限界について触れました。最後に、ディレクターの辞任の経緯に触れ、辞任に対する私なりの見解をつけ加えました。

おわりに

　すべての学生に英語能力改善の機会を提供し、学生それぞれが自分たちの努力の結果としての「伸び」を実感できるには、プログラムとして何をしなければならないのか、英語教育プログラムのディレクターの視点から考察しました。本書の第Ⅰ部では、私の英語教育に対する考え方と、この本で取り上げた課題、英語教育の「プログラム化」に迫るアプローチを提案しました。第Ⅱ部では、英語教育プログラムが抱える問題の把握の方法を、第Ⅲ部では、事例にもとづき、改善策や実行された項目と、それに絡む問題点を取り扱いました。つまり、プログラムによる「能力改善の保証」のアプローチを探りました。

　その過程で、英語教育プログラムが抱えた問題や英語教員が抱えていた問題を、ディレクターとして解決できたのかというと、かならずしもそうではありません。未解決の問題も多くありました。また、解決したと思っていた問題が再発することもありました。しかし、それらを問題として認識できる限り、英語教育プログラムは、学生の「能力改善の保証」の方向にあるといえます。これが、プログラムの「継続」ということではないでしょうか。

　問題は、プログラムが、問題を問題として認識できなくなったときです。これを回避するためには、目的に向けた戦略的プランニングが必要です。そして、それを実行するマネジメントが不可欠です。

　本書を終えるに当たり、この本の中心テーマであるマネジメントとそれを支えるリーダーシップについて考察したいと思います。

マネジメント

　英語教育のプログラム化を試みたわけですが、それは言ってみれば、カリキュラムを運営するために教員の組織集団を作り、それを継続して行くと同時に、プログラムのミッションやヴィジョンの実現に向けプランニングし実施することを意味していました。ガマゲ（2003）は、この点をマネージャーとアドミニ

ストレーターという2つの概念で説明しています。マネージャーは、目標に向かって日々の運営を行い、目標達成過程で問題が起きれば、解決へ向け短期の戦略計画を策定し実行します。また、教員やスタッフの間で起きた衝突を解消し、目標を達成する方向を彼らに示します。一方、アドミニストレーターは、財政を確保し、短・中・長期計画を策定し、計画実行過程を示し、その過程に人びとを呼び込み、ヴィジョンを実現するという想像的能力をもつ者です。つまり、英語教育プログラムのディレクターは、この両方の能力が求められるわけです。

しかし、私が直面した最大の困難は、上述したマネージャーとアドミニストレーターの概念からは把握できないこと、つまり、「上司との衝突の解消」ということでした。私の取った手段は、意見調整でした。しかし、それもうまく行かず、第13章-6の「ディレクターの辞任」ということになりました。この裏には、学部の人事も絡んでいました。その意味でも、たかが英語教育プログラムのディレクターとはいえ、学部のパワー・ポリティックスの影響を度外視するわけにはいきません。

敵対した状態での解決策を探れなかった点については、私の能力不足も認めざるを得ません。しかし、上部の地位に任命された者も、全体の動きに耳を傾ける必要があったと思います。英語教育の成果を上げたいと本気で希求していたのであれば、学部の上位者も英語教育プログラムとコミュニケーションを取り、意見調整にも積極的に関わるべきであったと思います。少なくとも、彼らが考える政策の妥当性とその根拠は英語教員に説明されるべきでした。この一連の騒動は、その後の英語教育に大きな影響を与えたといわざるを得ません。

この問題は、英語教育プログラムの改善・マネジメントの問題というより、学部組織全体の問題といえます。

リーダーシップ

最後に、ディレクター、教員のリーダーシップについて考えてみましょう。リーダーシップの研究は、いろいろの分野で数多く行なわれてきました。大きく分けて組織論からのアプローチとリーダー・追従者間の影響を基礎にするア

プローチがあるようです。最近では、リーダーシップに奉仕的な概念を含み、論じられることもあります。さらに、長い間リーダーの地位におられた方に、「あなたにとって、リーダーシップとは何か」という質問をすると、「私の成長を助けてくれたもの」と答える方もおられます。

英語教育プログラムにおけるリーダーシップとは何か、と自問自答すると、上述した「精神的に成長させる能力」の1つであるという観点から考えて見ることも、有益ではないでしょうか。すると、リーダーシップには、2つのタイプがあるように思います。1つめは、プログラムの決定に責任を負う地位にいる教員が発揮するリーダーシップです。2つめのタイプは、意思決定過程には参加していますが、おもに授業での学習・教育効果向上、教員間の意思疎通の向上に発揮するリーダーシップです。そして、英語教育プログラムには両方のリーダーシップが必要です。

本書で扱ったリーダーシップは、1つめのものです。そして、プログラム運営、プランニング、マネジメント、意思決定過程への参加、協働の精神を考えると、1つめのリーダーシップは、つぎのような能力を含むのではないかと考えます。

○組織化する能力
○環境を適切に把握する能力
○計画・実行のプロセスと期待される結果を想像する能力
○決定事項が建設的な議論の結果であるという共通認識をもつことができるように、参加者全員を導く能力
○コミュニケーションに忍耐強く取り組む能力
○規則・規範を適切に運用する能力
○プログラムの理念・目的・目標を長期に渡り想像し、それを維持する能力
○運営を通して、地位に付随する権限について学習できる能力

最後に、本書のまとめとして、マネジメントとリーダーシップについて考察しました。英語教育プログラムの運営上、ディレクターは、どのような教育効

果が出てきているか、効率的に運営できているか、計画は実行されているか、情報伝達はうまく行っているか、教員の配置は適切か、という点に特に目を向けておく必要があります。これらに配慮すればプログラムの効力を発揮できると考えます。

　プログラムの活発化と維持を図ることが、マネジメントです。それはまた、ヴィジョンや計画の立案・実行を中核に、想像と達成の過程でもあります。この過程で、衝突、敵対が起きるのですが、これはむしろ組織としてのプログラムが健全である証拠です。衝突、敵対の適切な解消・解決によって、プログラムは新たなエネルギーを得ることができます。そのためには、英語教育プログラムをヴィジョンに沿って、適切な方向へ導くリーダーたちが必要なのです。

　本書の内容が、みなさんの英語教育改善に少しでもお役に立つことができれば幸いです。

植山　剛行

おもな参考文献

- 新井郁男『改訂版：教育経営論』放送大学教育振興会（2004）
- Bryson, J.M.『Strategic Planning for Public Nonprofit Organizations』Jossey-Bass（1995）
- Campbell, R. F., Corbally, J. E. &Nystrand,R.O.『Introduction to Educational Administration』Allyn & Bacon（1983）
- Charles, C. M. & Mertler, C. A.『Introduction to Educational Research』4th edition, Allyn & Bacon（2002）
- 大学英語教育学会授業研究委員会編『高等教育における英語授業の研究：授業実践事例を中心に』松柏社（2007）
- 大学英語教育学会実態調査委員会編『わが国の外国語・英語教育に関する実態の総合的研究 ― 大学の学部・学科編 ―』（2002.9）
- 藤田昌士「教育目的」『教育小事典』（寺崎昌男・平原春好編）学陽書房（1998）
- Gamage, D. & Ueyama, T.「Strategic leadership and strategic planning in contemporary universities」『Education and Society』James Nicholas publishers 24（2）（2007）
- Gamage, D.『Leadership and Management in Education』The Chinese University Press（2003）
- Guba, E.G. & Lincoln, Y.S.『Effective Evaluation』Jossey-Bass（1981）
- Hadley, A.O.『Teaching Language in Context』（3rd edition），Heinle & Heinle（2001）
- 羽藤由美『英語を学ぶ人・教える人のために』世界思想社（2006）
- Hoy, W.K. & Miskel, C. G.『Educational Administration: Theory, Research, and Practice』McCraw-Hill（2001）
- Kaufman, R., Herman, J. & Watters, K.『Educational Planning: Strategic Tactical Operational』Technomic（1996）
- 倉八順子『コミュニケーション中心の教授法と学習意欲』風間書房（1998）
- McCleary, L.『McCleary/Broudy Model of Teaching』in the Learning Module Series. ILM Publishers（1972）
- 宮原文夫『このままでよいか大学英語教育』松柏社（1997）
- 白畑知彦（編者）・若林茂則・須田孝司（著）『英語習得の常識と非常識』大修館書店（2004）
- Stufflebeam, D.L.「The CIPP model for evaluation」『Evaluation Models: Viewpoints on Educational and Human Services Evaluation』edited by D.L. Stufflebaem, G.F. Madaus

& T. Kellagham, Klumer Academic Publishers（2000）
・SCSDE『South Carolina Foreign Languages Framework』, developed by the South Carolina Foreign Languages Curriculum Framework Writing Team, and adopted by The South Carolina State Board of Education（SCSDE）（November 1993）
・田中慎也『どこへ行く？　大学の外国語教育』三修社（1994）

■著者紹介

植山　剛行（うえやま　たけゆき）

1954（昭和29）年生まれ　福岡県出身
福岡県立小倉南高等学校卒業
日本大学文理学部教育学科卒業、文学士
米国ユタ大学　教育学大学院教育文化基礎専攻修了、教育学修士
同大学院　教育行政学専攻修了（Ph. D.）取得（1992年）
日本とアメリカの大学で教鞭を執った後、現在は、執筆活動とコンサルティング

研究・貢献

ユタ大学大学院在籍中、リーダーシップ、教育政策・財政、プログラム開発・評価、高等教育を学ぶ。
サウス・カロライナ州の外国語教育政策の原案作成委員会委員。
米国サウス・カロライナ大学　教育リーダーシップ・政策学科、客員研究員。
米国ユタ大学　教育リーダーシップ・政策学科、客員研究員。
オーストラリア、ニューキャッスル大学、教育学部、客員研究員。
日米の高等教育機関で、英語教育、ティーチング・インターンシップ、海外研修、教員養成課程等のプログラム化などのプログラム開発を行う。
高等教育、教員養成プログラムの開発・評価、教育リーダーの役割などに関する諸論文を発表。

英語教育改善のためのプログラム化とマネジメント
—— すべての学生の英語力向上をめざして ——

2009年6月19日　初版第1刷発行

■著　　者——植山剛行
■発 行 者——佐藤　守
■発 行 所——株式会社 大学教育出版
　　　　　　〒700−0953　岡山市南区西市855−4
　　　　　　電話(086)244−1268(代)　FAX (086)246−0294
■印刷製本——サンコー印刷㈱
■装　　丁——ティーボーンデザイン事務所

Ⓒ Takeyuki Ueyama 2009, Printed in Japan
検印省略　落丁・乱丁本はお取り替えいたします。
無断で本書の一部または全部を複写・複製することは禁じられています。

ISBN978−4−88730−884−8

米国の日本語教育に学ぶ新英語教育

米原幸大　著
ISBN978-4-88730-835-0
定価 1,680 円(税込)
北米で成功している日本語教育プログラムを例に習得英語教育への転換を提示。

教室におけるリスニング指導

森山善美　著
ISBN978-4-88730-911-1
定価 1,890 円(税込)
言語習得に欠くことができないリスニング指導の問題点を検討する。

英語上達法
―文法から総合力へ―

中田康行　著
ISBN978-4-88730-764-5
定価 1,890 円(税込)
本格的な語学力の基本は文法力であるとし，総合力の養成を目指す。

高校で教えるネイティブたちの英語
―学校で生きた英語を身につけるために―

渡辺晶夫　著
ISBN4-88730-814-0
定価 1,890 円(税込)
ネイティブだからこそわかる微妙な言葉のニュアンスや表現の差違を紹介。